C000128047

ISBN 978-1-5276-2042-1
PIBN 10369627

# 1 MONTH OF
# FREE
# READING

## at

## www.ForgottenBooks.com

By purchasing this book you are eligible for one month membership to ForgottenBooks.com, giving you unlimited access to our entire collection of over 700,000 titles via our web site and mobile apps.

To claim your free month visit:

www.forgottenbooks.com/free369627

English
Français
Deutsche
Italiano
Español
Português

# www.forgottenbooks.com

**Mythology** Photography **Fiction**
Fishing Christianity **Art** Cooking
Essays Buddhism Freemasonry
Medicine **Biology** Music **Ancient
Egypt** Evolution Carpentry Physics
Dance Geology **Mathematics** Fitness
Shakespeare **Folklore** Yoga Marketing
**Confidence** Immortality Biographies
Poetry **Psychology** Witchcraft
Electronics Chemistry History **Law**
Accounting **Philosophy** Anthropology
Alchemy Drama Quantum Mechanics
Atheism Sexual Health **Ancient History**
**Entrepreneurship** Languages Sport
Paleontology Needlework Islam
**Metaphysics** Investment Archaeology
Parenting Statistics Criminology
**Motivational**

BIBLIOTHÈQUE DE VULGARISATION

# F. MAX MULLER

MEMBRE DE L'INSTITUT

## INTRODUCTION

A LA

# HILOSOPHIE VÉDANTA

TROIS CONFÉRENCES

FAITES A L'INSTITUT ROYAL

en mars 1894

ERNEST LEROUX, ÉDITEUR

28, rue Bonaparte

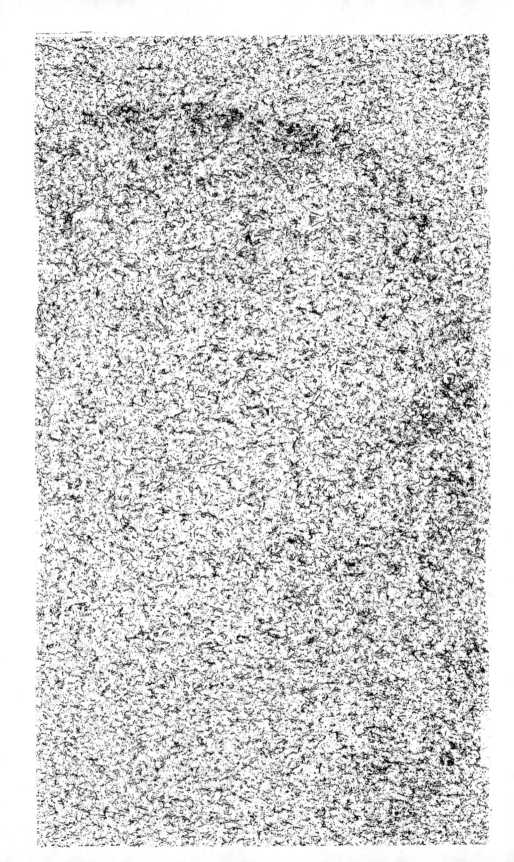

ANNALES DU MUSÉE GUIMET

———

Bibliothèque de Vulgarisation

———

INTRODUCTION

# LA PHILOSOPHIE VÉDANTA

BAUGÉ (MAINE-ET-LOIRE) — IMPRIMERIE DALOUX

# INTRODUCTION

## A LA

# PHILOSOPHIE VÉDANTA

TROIS CONFÉRENCES FAITES A L'INSTITUT ROYAL
EN MARS 1894

PAR

## F. MAX MULLER

MEMBRE DE L'INSTITUT DE FRANCE

TRADUIT DE L'ANGLAIS AVEC L'AUTORISATION DE L'AUTEUR

Par **LÉON SORG**

PARIS
ERNEST LEROUX, ÉDITEUR
28, RUE BONAPARTE, 28
—
1899

# NOTICE DU TRADUCTEUR

Le Védanta est l'expression la plus parfaite de la philosophie hindoue; il prédomine dans l'Inde moderne[1], et a devancé ou inspiré à maints égards la pensée européenne. L'évolutionisme et le monisme, sur quoi s'accordent la science et la métaphysique actuelles, l'idéalisme dont tous nos critiques célèbrent à l'envi la renaissance sont en

[1]. Il existe dans l'Inde plusieurs organes védantistes, publiés tant en anglais qu'en diverses langues indigènes. Quelques revues ont été fondées également aux Etats-Unis pour divulguer les enseignements du grand orateur Sivami Vivekamanda, qui a représenté le védantisme au Parlement des religions de Chicago et fait en Amérique un certain nombre de prosélytes,

effet les bases de cette doctrine. « L'on y trouve, selon l'expression de M. Chevrillon[1], à la fois Spinoza, Hégel et Schopenhauer. » Bien plus, ce dernier a, de son propre aveu, puisé dans les Oupanishads quelques-uns de ses principes fondamentaux, et prédit l'influence considérable qu'exercerait sur l'Occident l'antique sagesse de l'Inde[2]. Et de fait, comme le constatait naguère un éminent écrivain[3], les idées qu'elle a créées, repensées et développées par les grands philosophes allemands de ce siècle « ont pénétré par infiltration toutes les intelligences cultivées, et l'examen attentif de l'esprit contemporain nous révèle mille symptômes

1. *Dans l'Inde* (Hachette et Cie).
2. *Le monde comme volonté et comme représentation*. Trad. Burdeau, préface ix et p. 374 (Alcan).
3. M. de Vogüé. *Regards historiques et littéraires*, p. 99 (A. Colin).

d'une régression lente vers le génie hindou. »

Il nous a donc paru opportun et utile de faire connaître en France l'aperçu lumineux du védanta présenté à ses auditeurs d'Oxford par l'illustre savant qui, après avoir, en sa longue et laborieuse existence, approfondi les origines et le développement des croyances humaines, proclame celle-ci « la philosophie la plus sublime et la religion la plus satisfaisante. »

L. SORG.

# INTRODUCTION

# PHILOSOPHIE VÉDANTA

## PREMIÈRE CONFÉRENCE

## ORIGINE DE LA PHILOSOPHIE VÉDANTA

### Importance de la philosophie védanta

Je ne me dissimule pas les difficultés que je rencontrerai en essayant de gagner votre intérêt, bien plus, s'il est possible, votre sympathie, en faveur d'un antique système de philosophie hindoue, la philosophie védanta. Ce n'est pas une tâche aisée, même dans l'enceinte de cet Institut scientifique, d'obtenir audience pour un simple système de philosophie, soit nouveau, soit ancien.

Le monde est trop affairé pour prêter attention à des spéculations purement théoriques ;
il réclame des expériences excitantes et, si
possible, des résultats tangibles, et cependant je me rappelle un homme qui doit être
bien connu de vous tous ici, notre cher ami
Tyndall, se réjouissant d'une théorie nouvelle, parce que, disait-il : « Grâce à Dieu,
elle ne produira aucun résultat pratique ;
personne ne pourra en prendre un brevet
d'invention et en faire de l'argent. » Leibniz,
j'imagine, ne prit pas de brevet pour son
calcul différentiel, ni Isaac Newton pour sa
théorie sur la gravitation.. Confiant en cet
esprit de Tyndall qui a si longtemps présidé
à ce laboratoire actif de pensée, j'espère qu'il
reste en cette enceinte quelques-uns de ses
amis et admirateurs, disposés à prêter attention à de simples spéculations — spéculations qui ne produiront jamais aucun résultat tangible, dans le sens ordinaire du
mot, pour lesquelles certainement personne
ne peut prendre de brevet, ou espérer, s'il
s'en procurait un, en tirer quelque profit ;

— et cependant ces spéculations se rattachent aux plus hauts et aux plus chers intérêts de notre vie.

## Ce qui est important et ce qui n'est que curieux.

Le système de philosophie sur lequel j'entreprends d'attirer votre attention s'occupe principalement de l'*âme* et de ses relations avec *Dieu*. Il nous vient de l'Inde et est probablement vieux de plus de deux mille ans. Or, l'âme n'est pas un sujet populaire de nos jours. Si son existence n'est pas absolument déniée, elle a depuis longtemps été rangée au nombre des sujets à l'égard desquels « c'est folie que d'être sage. » Toutefois, si j'avais à réclamer votre attention pour un système philosophique grec ou allemand, si j'avais à vous dire ce que Platon ou Kant ont dit au sujet de l'âme, il serait très possible que leurs opinions puissent tout au moins être considérées comme *curieuses*. Mais je dois vous dire tout de suite que cela ne me satisferait pas du tout. Je

considère ce mot *curieux* comme un mot
paresseux et très repréhensible. Si quelqu'un
dit : « Oui, cela est très curieux », que veut-
il dire ? Ce qu'il veut dire en réalité, c'est :
« Oui, cela est très curieux, mais pas davantage. » Mais pourquoi pas davantage ? Non,
parce que cela n'a pas d'importance en soi,
mais simplement parce que dans les cases de
son esprit, il n'y a pas encore de place prête
pour recevoir cette idée, simplement parce
que son esprit n'est pas accordé avec elle et
ne vibre pas en harmonie, simplement parce
qu'il n'a pas pour elle de réelle sympathie.
Pour un esprit bien approvisionné et une
intelligence bien aménagée il ne devrait rien
y avoir de simplement curieux ; on a dit
avec raison que presque toute grande découverte, tout réel progrès dans la connaissance
humaine est dû à ceux qui peuvent découvrir
derrière ce qu'il semblait seulement curieux
à la foule, quelque chose de réellement
important et gros de résultats. L'étincelle
électrique de l'éclair est curieuse depuis que
le monde existe, ce n'est que depuis hier,

pour ainsi dire, qu'elle est devenue réellement importante.

Si mon but était simplement de vous amuser je pourrais vous montrer une collection considérable de curiosités au sujet de l'âme, en vous rapportant des propos recueillis parmi les races barbares ou civilisées. Il y a d'abord les noms de l'âme, et quelques-uns d'entre eux sont sans doute pleins d'intérêt ; les uns signifient souffle, d'autres cœur, d'autres diaphragme, d'autres sang, d'autres la pupille de l'œil, tous montrant qu'ils veulent dire quelque chose de rattaché au corps et que l'on suppose placé dans l'œil, dans le cœur, dans le sang ou dans le souffle, et cependant différent de chacun de ces grossiers objets matériels. D'autres noms sont purement métaphoriques, par exemple quand l'âme était appelée un oiseau, non parce qu'on croyait qu'elle était un oiseau encagé dans le corps, mais parce qu'elle semblait s'envoler avec les ailes de la pensée et de l'imagination ; ou quand on l'appelait une ombre, non parce qu'on croyait qu'elle était l'ombre projetée par le corps sur un mur (quoique cette opinion soit professée par quelques philosophes), mais parce qu'elle était *semblable* à une ombre, une chose perceptible et cependant immatérielle et insaisissable. Sans doute, après que l'âme eût été comparée une fois à une ombre et nommée ainsi, toute espèce de superstition s'en suivit, jusqu'à croire qu'un corps mort ne peut plus projeter d'ombre. De même, quand l'âme eut été conçue et nommée, son nom $s\psi\upsilon\chi\acute{\eta}$ fut donné à un papillon, probablement parce que le papillon sort ailé de la chrysalide, sa prison. Et ici, également, la superstition ne tarda pas à pénétrer et l'on représenta en peinture l'âme du défunt comme sortant de sa bouche sous la forme d'un papillon. Il existe à peine une tribu, si barbare soit-elle, qui n'ait pas un nom pour l'âme, c'est-à-dire pour une chose différente du corps, mais étroitement alliée à lui et agissant fortement en lui. Naguère, l'évêque de la Calédonie septentrionale m'a fait connaître une nouvelle métaphore concernant

l'âme. Les Indiens Zimshiân ont un mot
qui signifie à la fois âme et parfum ; ques-
tionnés par l'évêque à ce sujet, ils répon-
dirent : « L'âme d'un homme n'est-elle pas
à son corps ce que le parfum est à la fleur ? »
Cette métaphore en vaut une autre, sans
doute, et peut être mise sur le même rang
que celle de Platon, dans le Phédon, com-
parant l'âme au son harmonieux de la lyre.

Si je désirais exciter votre intérêt par
une collection de telles curiosités, je pourrais
vous présenter bien d'autres noms, bien
d'autres métaphores, bien d'autres propos
sur l'âme. Et si on les considère comme des
contributions à l'étude de l'évolution de
l'esprit humain, comme des documents pour
l'histoire de la sagesse ou de la folie humaine,
ces propos curieux pourraient prétendre à
une certaine valeur scientifique, comme
nous faisant pénétrer dans l'antique atelier
de l'intelligence humaine.

## Importance de la Philosophie

Mais je dois dire tout de suite que je ne me contenterai pas de métaphores, si poétiques et magnifiques soient-elles, et qu'en vous présentant une esquisse de la philosophie védanta j'ai en vue des objets bien plus élevés. Je désire demander la sympathie, non seulement de votre esprit, mais de votre cœur pour les pensées les plus profondes des philosophes hindous au sujet de l'âme. Après tout, je doute que l'âme ait réellement perdu chez nous tout ce charme qu'elle exerçait sur les anciens penseurs. Nous disons encore : « A quoi bon gagner le monde entier et perdre son âme? » Et comment pouvons-nous parler d'une âme à perdre si nous ignorons ce que nous entendons par âme? Mais s'il vous paraît étrange que les antiques philosophes indiens aient su davantage concernant l'âme que les philosophes de la Grèce, du moyen-âge ou des temps modernes, rappelons que bien que les télescopes pour observer les étoiles du ciel aient été perfectionnés, les observatoires de l'âme sont demeurés à peu près les mêmes, car je ne puis me convaincre que les observations faites dans les soi-disant laboratoires physico-psychologiques d'Allemagne, si intéressants qu'ils soient pour les physiologistes, auraient été d'un grand secours pour nos philosophes védantistes. Le repos et la paix nécessaires pour la pensée profonde et l'observation minutieuse des mouvements de l'âme, se trouvaient plus aisément dans les forêts silencieuses de l'Inde que dans les rues bruyantes de nos soi-disant centres de civilisation.

**Opinions de Schopenhauer, W. Jones, V. Cousin, Schlegel sur le Védanta.**

Quoi qu'il en soit, laissez-moi vous dire qu'un philosophe aussi profondément versé dans l'histoire de la philosophie que Schopenhauer, et qui certes n'était pas porté à louer exagérément toute autre philosophie que la sienne, a exprimé son opinion sur la philosophie védanta, telle qu'elle est con-

tenue dans les Oupanishads, dans les termes
suivants : « Il n'existe pas dans le monde
entier d'étude aussi profitable et aussi propre
à élever l'esprit que celle des Oupanishads.
Elle a été la consolation de ma vie, elle sera
la consolation de ma mort ». Si ces paroles
de Schopenhauer avaient besoin d'un endos-
sement, je le donnerais volontiers comme le
résultat de ma propre expérience, fruit d'une
longue vie consacrée à l'étude de maintes
philosophies et de maintes religions.

Si l'on considère la philosophie comme
une préparation à une bonne mort, ou
*euthanasie*, je ne connais pas de meilleure
préparation à cet effet que la philosophie
védanta.

Et Schopenhauer n'est pas la seule autorité qui parle en termes si enthousiastes de
l'ancienne philosophie de l'Inde, et en particulier du système védanta.

Sir William Jones, qui n'est pas une mé-
diocre autorité comme orientaliste et comme
savant classique, remarque « qu'il est impossible de lire le Védanta ou les nombreux

et admirables ouvrages qui l'ont élucidé, sans penser que Pythagore et Platon ont puisé leurs sublimes théories à la même source que les sages de l'Inde » (*OEuvres. Edit. de Calcutta*, I, pp. 20, 125, 127). Il n'est pas certain que sir William Jones ait entendu dire que les anciens philosophes de la Grèce ont emprunté à l'Inde leur philosophie. Si telle a été sa pensée, il trouverait peu d'adhérents à notre époque, parce qu'une étude plus complète de l'humanité nous a enseigné que ce qui a été possible dans un pays l'a été également dans un autre. Mais il n'en reste pas moins vrai que les ressemblances entre ces deux courants de pensée philosophique de l'Inde et de la Grèce sont très frappantes, parfois jusqu'à causer de la perplexité.

Victor Cousin, le plus grand des historiens de la philosophie en France, dans des conférences faites en 1828 et 1829 sur l'histoire de la philosophie moderne, devant un auditoire de deux mille personnes, dit-on, s'exprima en ces termes : « Lorsque nous

lisons avec attention les monuments poétiques et philosophiques de l'Orient, surtout
ceux de l'Inde, qui commencent à se répandre
en Europe, nous y découvrons maintes
vérités, et des vérités si profondes, et qui
font un tel contraste avec la médiocrité des
résultats auxquels le génie européen s'est
parfois arrété, que nous sommes obligés de
plier le genou devant la philosophie de
l'Orient et de voir dans ce berceau de la race
humaine le pays natal de la plus haute
philosophie ». (Vol. I, p. 32).

Les philosophes allemands ont toujours
été les plus ardents admirateurs de la littérature et plus particulièrement de la philosophie sanscrite. L'un des premiers qui
aient étudié le sanscrit, celui qui a découvert
l'existence d'une famille indo-européenne
de langues, Frédéric Schlegel, dans son
livre sur la langue, la littérature et la philosophie de l'Inde (p. 347), remarque : « L'on
ne peut nier que les Indiens primitifs possé-
daient une connaissance du vrai Dieu ; tous
leurs écrits sont pleins de sentiments et

d'expressions nobles, clairs, d'une austère
grandeur, aussi profondément conçus et
respectueusement exprimés que dans aucune
autre langue dans laquelle les hommes ont
parlé de leur Dieu. » Et ailleurs : « La plus
haute philosophie des Européens, l'idéalisme
de la raison, tel qu'il est exposé par les
philosophes grecs, apparaît, en comparaison
avec la lumière abondante et la vigueur de
l'idéalisme oriental, comme une faible
étincelle prométhéenne dans la splendeur
éclatante du soleil de midi — faible et incer-
taine et toujours sur le point de s'éteindre ».

Et plus spécialement en ce qui concerne
la philosophie védanta, il dit : « L'origine
divine de l'homme est continuellement
enseignée afin de stimuler ses efforts pour
y retourner, de l'animer dans la lutte et
l'inciter à considérer une réunion et une
réintégration avec la divinité comme le
but principal de toute action et de tout
effort [1] ».

1. Voir Manahsukharâma Sûryarâma, Vikârasâgara,
p. 5.

## Le Védanta, à la fois philosophie
## et religion

Ce qui distingue la philosophie védanta de toutes les autres philosophies c'est qu'elle est en même temps une religion et une philosophie. Chez nous, l'opinion qui prévaut semble être que la religion et la philosophie sont non seulement différentes, mais antagonistes. Il est vrai que l'on fait des efforts constants pour les réconcilier ; l'on ne peut guère ouvrir une revue sans trouver un nouveau compromis entre la science et la religion ; l'on y parle non seulement d'une science de la religion, mais encore d'une religion de la science. Mais ces tentatives même, qu'elles réussissent ou non, démontrent en tous cas qu'il y a eu divorce entre elles. Et pourquoi ? La philosophie aussi bien que la religion est à la recherche de la Vérité ; alors pourquoi faut-il qu'il y ait antagonisme entre elles ? L'on a dit souvent que la religion place toute vérité devant nous avec autorité, tandis que la philosophie fait

appel à l'esprit de vérité, c'est-à-dire à notre
jugement personnel, et nous laisse parfaitement libres d'accepter ou de rejeter les
doctrines des autres. Le fondateur de toute
religion nouvelle ne possédait pas à l'origine
une plus grande autorité que le fondateur
d'une nouvelle école de philosophie. Beaucoup d'entre eux ont été traités avec mépris,
persécutés, et même mis à mort, et leur dernier appel fut toujours ce qu'il devait être :
un appel à l'esprit de vérité qui est en nous,
et non pas aux douze légions d'anges, ni,
comme aux temps plus récents, aux décrets
des Conciles, aux bulles papales ou à la lettre
d'un livre sacré. Nulle part, toutefois, nous
ne trouvons ce que nous trouvons dans
l'Inde, où l'on considère la philosophie
comme le produit naturel de la religion,
bien plus, comme sa fleur et son parfum les
plus précieux. Soit que la religion mène à la
philosophie, ou la philosophie à la religion,
dans l'Inde les deux sont inséparables, et
elles n'auraient jamais été séparées chez
nous si la crainte des hommes n'avait été

plus grande que la crainte de Dieu ou de la
Vérité. Tandis que dans d'autres pays, les
quelques hommes qui avaient le plus profondément médité sur leur religion et pénétré
le plus complètement l'esprit de son fondateur étaient exposés à être appelés hérétiques
par la foule ignorante, bien plus, étaient
châtiés pour la bonne œuvre qu'ils avaient
accomplie en débarrassant la religion de la
gangue de superstition qui l'enveloppe toujours, dans l'Inde, ces quelques hommes
étaient honorés et révérés, même par ceux
qui ne pouvaient pas encore les suivre dans
l'atmosphère plus pure de la pensée libre et
déchaînée. Et il n'était nullement nécessaire
dans l'Inde pour les penseurs honnêtes de
cacher leurs doctrines sous une forme ésotérique. Si la religion doit être ésotérique
pour avoir le droit de vivre, comme cela a
lieu souvent chez nous, quelle est son utilité?
Pourquoi les convictions religieuses crain-
draient-elles le grand jour? Et, ce qui fait
encore plus honneur aux anciens croyants
et penseurs de l'Inde, c'est que jamais dans

la position élevée qui leur était accordée en raison de leur science et de leur sainteté, ils ne regardaient avec dédain ceux qui n'étaient pas encore parvenus à leur niveau. Ils reconnaissaient les stages préliminaires de l'étudiant soumis et du citoyen actif comme des degrés essentiels pour atteindre la liberté dont ils jouissaient eux-mêmes ; bien plus, ils n'admettaient parmi eux aucun homme qui n'eût passé par ces stages d'obéissance passive et d'utilité pratique. Ils leur prêchaient, d'une voix éclatante comme le tonnerre, trois choses : *Damyata*, subjuguez-vous vous-mêmes, subjuguez les passions des sens, l'orgueil et l'entêtement ; *Datta*, donnez, soyez généreux et charitables pour votre prochain ; et *Dayadhvam*, ayez pitié de ceux qui le méritent, ou comme nous dirions : « Aimez votre prochain comme vous-mêmes. » Ces trois commandements commençant chacun par la syllabe *Da*, étaient appelés les trois *Das* et devaient être accomplis avant de pouvoir espérer une lumière plus haute (*Brihad Aranyaka Oupanishad*, v. 2)

et atteindre le but le plus élevé du Véda : le
Védanta.

### Le Védanta dans les Oupanishads.

*Védanta* signifie la fin du Véda, soit que
nous interprétions ce mot dans le sens de
partie finale ou d'objet final du Véda. Or, le
Véda, comme vous le savez, est l'antique
bible des Brahmanes, et toutes les sectes,
tous les systèmes qui ont poussé dans leur
religion pendant les trois mille ans de son
existence, à l'exception cependant du bouddhisme, s'accordent à reconnaître le Véda
comme l'autorité la plus haute en matière
religieuse. La philosophie védanta reconnaît
donc, comme l'indique son nom même, sa
dépendance par rapport au Véda et l'unité
de la religion et de la philosophie. Si nous
prenons le mot dans le sens le plus large,
*Véda*, vous le savez, signifie science, mais
ce terme a été appliqué spécialement à la
bible hindoue, et cette bible est composée
de trois parties, les *Samhitas*, ou recueils de

prières et d'hymnes de louange versifiées ;
les *Brahmanas*, ou traités en prose concernant
les sacrifices, et les *Aranyakas*, livres destinés à ceux qui habitaient dans les forêts, et
dont la partie la plus importante est formée
des *Oupanishads*. Ces Oupanishads sont des
traités philosophiques, et leur principe
fondamental peut nous paraître subversif de
toute religion. Tout le rituel et le système
des sacrifices du Véda y est non seulement
inconnu, mais directement rejeté comme
inutile, nuisible même. Les anciens dieux
des Védas n'y sont plus reconnus. Et
pourtant ces Oupanishads sont considérés
comme parfaitement orthodoxes, bien plus
comme le couronnement de la religion
brahmanique.

Cela provient de l'admission d'un fait très
simple que presque toutes les autres religions semblent avoir ignoré. L'on a reconnu
dans l'Inde depuis longtemps que la religion
d'un homme ne peut et ne doit pas être la
même que celle d'un enfant, et aussi
qu'avec la croissance de l'esprit, les idées

religieuses d'un vieillard doivent différer
de celles d'un homme adonné à la vie active.
Il est inutile d'essayer de nier de tels
faits. Nous les connaissons tous, depuis
l'époque où nous sortons de l'inconscience
heureuse de la foi enfantine et avons à lutter
avec les faits importants qui nous pressent
de toutes parts, tirés de l'histoire, de la
science, et de la connaissance du monde et
de nous-mêmes. Après s'être rétabli des
suites de ces combats, l'homme s'affermit
généralement dans certaines convictions
qu'il croit pouvoir conserver et défendre
honnêtement. Il est certaines questions
qu'il croit résolues une fois pour toutes et
ne devoir jamais être remises en discussion ;
il est certains arguments auxquels il ne
prêtera même pas attention, parce que,
bien qu'il n'ait pas de réponse à leur faire,
il ne veut pas leur céder. Mais quand le
soir de la vie s'approche et adoucit les
rayons et les ombres des opinions contradictoires, quand l'accord avec l'esprit de la
vérité intérieure devient plus cher à l'homme

que l'accord avec la majorité du monde
extérieur, ces vieilles questions le sollicitent
de nouveau, comme des amis longtemps
oubliés ; il apprend à supporter ceux dont il
différait auparavant ; et tandis qu'il est
disposé à se départir de tout ce qui n'est pas
essentiel — et beaucoup de différences
religieuses me paraissent résulter de questions non essentielles — il s'attache de plus
en plus fermement aux quelques planches
solides qui lui restent pour le conduire au
port qui n'est plus bien loin de sa vue. On a
peine à croire que toutes les autres religions
aient complètement méconnu ces simples
faits, qu'elles aient essayé de nourrir les
vieux et les sages avec un aliment destiné
aux enfants, et qu'elles aient ainsi perdu et
se soient aliéné leurs meilleurs et leurs plus
sûrs amis. C'est donc une leçon bien digne
d'être enseignée par l'histoire, qu'une religion au moins, et l'une des plus anciennes,
des plus puissantes et des plus répandues, a
reconnu ce fait sans la moindre hésitation.

## Les quatre stages de la vie

Selon les anciens canons de la foi brahmanique, chaque homme doit passer par trois
ou quatre stages. Le premier est celui de la
discipline qui dure depuis l'enfance jusqu'à
l'âge de la virilité. Pendant ces années, le
jeune homme quitte la maison paternelle
pour aller chez un maître ou *gourou*, auquel
il doit obéir aveuglément et qu'il doit servir
de toutes manières, et qui, en retour, doit
lui enseigner tout ce qui est nécessaire pour
la vie, particulièrement le Véda et ce qui
concerne les devoirs religieux. Pendant tout
ce temps, le pupille est supposé être un
récipient passif, un étudiant et un croyant.

Puis vient le second stage, celui de la
virilité, pendant lequel l'homme doit se
marier, fonder une famille et s'acquitter de
tous les devoirs prescrits au chef de famille
par le Véda et les lois. Durant ces deux
périodes, aucun doute n'est même insinué,
quant à la vérité de la religion, ou la force

obligatoire de la loi à laquelle chacun doit
obéir.

Mais avec la troisième période qui commence lorsque les cheveux ont blanchi et
que l'on a vu ses petits-enfants, une vie
nouvelle s'ouvre, durant laquelle le père de
famille peut quitter sa maison et son village
et se retirer dans la forêt, avec ou sans sa
femme. Pendant cette période, il n'est plus
astreint à célébrer aucun sacrifice, bien qu'il
puisse ou doive pratiquer certaines abnéga-
tions et pénitences dont quelques-unes
extrêmement pénibles. Il lui est permis alors
de méditer en toute liberté sur les grands
problèmes de la vie et de la mort. Et à cet
effet il doit étudier les Oupanishads contenus
dans les *Aranyakas* ou livres des forêts, ou
plutôt, comme les livres n'existaient pas
encore, il doit apprendre leurs doctrines
d'un maître ayant les qualités requises. Dans
ces Oupanishads, non seulement tous les
devoirs concernant les sacrifices sont rejetés,
mais les dieux mêmes auxquels étaient
adressées les anciennes prières du Véda sont

mis de côté pour faire place à l'unique Être suprême, nommé Bráhman [1].

## Relation de l'âme (âtman)
## avec Brahman (le Parama-âtman)

Ces mêmes Oupanishads avaient alors à expliquer la véritable relation entre ce Bráhman, l'Être suprême, et l'âme de l'homme. L'âme humaine était nommée *âtman*, littéralement le *soi (self)*, et aussi Givâtman, le soi vivant ; et après que l'unité substantielle du soi vivant ou individuel avec l'Être suprême ou Bráhman eût été découverte, ce Bráhman fut appelé le Soi suprême ou *Parama-âtman*. Ces termes *Bráhman, Atman, Givâtman* et *Paramâtman* doivent être retenus avec soin afin de comprendre la philosophie védanta. *Soi*, vous le comprendrez, est un nom bien plus abstrait qu'âme, mais il exprime ce que d'autres nations ont exprimé par des termes

1. Bráhman comme neutre est paroxytone, comme masculin oxytone : Brahmán.

moins abstraits tels, que *âme, anima,* ψυχή
ou πνεῦμα. Chacun de ces noms a conservé
quelque chose de son sens primitif, tel
que mouvement ou souffle, tandis que *âtman,*
soi, avant d'être choisi comme nom de
l'âme, était devenu un simple pronom,
dégagé de toute nuance métaphorique et
n'affirmant rien au delà de l'existence ou de
l'existence de soi-même.

Ces mots n'étaient pas de nouveaux termes
techniques forgés par les philosophes. Quelques-uns d'entre eux sont très anciens et se
trouvent dans les plus antiques compositions
védiques, dans les hymnes, les Brahmanas
et enfin dans les Oupanishads.

Le sens étymologique, c'est-à-dire original
de Brăhman est douteux, et le temps nous
fait défaut actuellement pour tenter d'exa-
miner toutes les explications qui en ont été
données par les érudits indiens et européens.
J'espère y revenir plus tard [1]. Quant à présent, je puis dire seulement que Brahman
me paraît avoir signifié originellement ce

1. Voir *infrâ*, p. 136 et suiv.

qui jaillit ou éclate, soit sous forme de pensée et de verbe, soit comme puissance créatrice ou force physique.

L'étymologie d'*âtman* est également difficile, et cette difficulté même montre que ces deux mots, *brahman* et *âtman* sont très anciens, et appartiennent à une couche préhistorique de sanscrit. Mais quel qu'ait été le sens étymologique d'âtman, souffle ou toute autre chose, déjà dans le Véda il était devenu un simple pronom ; il signifiait soi, exactement comme le mot latin *ipse,* et ce ne fut que plus tard qu'il fut employé pour exprimer l'*ipséite* de l'homme, l'essence ou âme de l'homme et pareillement de Dieu.

### Caractère non systématique des Oupanishads.

Nous pouvons constater le développement de ces pensées dans les Oupanishads et leur exposé plus systématique dans les Védânta-soutras. Quand on lit les Oupanishads, l'impression qu'ils laissent à l'esprit est

qu'ils sont des intuitions ou inspirations
soudaines qui ont jailli çà et là et ont été
réunies ensuite. Et pourtant il y a un système dans toutes ces rêveries, un fond
commun à toutes ces visions. Il y a même
une abondance de termes techniques employés par différents personnages si exactement dans le même sens que l'on en tire la
certitude que derrière tous ces éclairs de
pensée religieuse et philosophique il y a un
passé lointain, un fond obscur dont nous ne
connaîtrons jamais le commencement. Il y
a des mots, des phrases, des lignes entières
qui se retrouvent dans différents Oupanishads, et qui doivent avoir été tirés d'un
trésor commun ; mais nous n'avons aucune
donnée concernant celui qui a amassé ce
trésor, ni l'endroit où il était caché et cependant accessible aux sages des Oupanishads.

Ce nom d'*Oupanishad* signifie étymolo-
giquement « assis près d'une personne » et
équivaut aux mots français *séance* ou *session*,
et ces Oupanishads nous représentent les
résultats des *séances* ou assemblées qui se

tenaient à l'ombre des grands arbres des forêts, où les anciens sages et leurs disciples se réunissaient et exposaient ce qu'ils avaient découvert pendant des jours et des nuits consacrés à la méditation solitaire et paisible. Quand nous parlons de forêts, il ne faut pas penser à un lieu sauvage. Dans l'Inde la forêt proche du village était comme une heureuse retraite, fraîche et silencieuse, pleine de fleurs et d'oiseaux, de bosquets et de huttes. Imaginez ce que doit avoir été leur vie dans ces forêts, avec peu de soucis et moins encore d'ambition ! Quel pouvait être le sujet de leurs pensées et de leurs conversations, si ce n'est de savoir comment ils étaient venus et où ils étaient, et ce qu'ils étaient et ce qu'ils seraient ensuite. La forme du dialogue est très fréquente dans ces œuvres, et ils contiennent aussi les discussions d'un très grand nombre de sages, qui sont si ardemment attachés à la recherche de la vérité qu'ils offrent leurs têtes à leurs adversaires si ces derniers peuvent les convaincre d'erreur. Mais si un enseignement

systématique fait complètement défaut dans
ces Oupanishads, ils nous offrent une fois
de plus le remarquable spectacle non seulement de ce qu'il est de mode maintenant
d'appeler une évolution, mais d'un réel
développement historique.

## Croissance de la pensée religieuse et phi-losophique avant les Oupanishads

Il subsiste en effet quelques traces d'une
croissance antérieure dans la vie spirituelle
des Brahmanes, et il faut nous arrêter un
moment sur ces antécédents des Oupanishads pour comprendre le point d'où sont
partis les philosophes védantistes.

J'ai déjà fait ressortir souvent que la
réelle importance, bien plus, l'unique caractère du Véda sera toujours, non pas tant
son antiquité purement chronologique, si
reculée soit-elle, que l'occasion qu'elle nous
fournit d'observer le progrès actif de la fer-
mentation de la pensée primitive. Nous
voyons dans les hymnes védiques la pre-

mière révélation de la Divinité, la première expression de surprise et de soupçon, la première découverte que derrière ce monde visible et périssable il doit y avoir quelque chose d'invisible, d'impérissable, d'éternel ou de divin. Aucun de ceux qui ont lu les hymnes du Rig-Véda ne peut conserver des doutes sur l'origine de la religion et de la mythologie aryennes primitives. Presque toutes les divinités principales du Véda portent des traces irrécusables de leur caractère physique, leurs noms mêmes nous indiquent qu'ils étaient à l'origine les noms des grands phénomènes de la nature, du feu, de l'eau, de la pluie et de l'orage, du soleil et de la lune, du ciel et de la terre. Plus tard, nous pouvons voir comment ces soi-disant divinités et héros devinrent les centres de traditions mythologiques, partout où les peuples de langue aryenne s'établirent, en Asie ou en Europe. C'est là un résultat acquis de manière définitive, et cette lumière a projeté ses rayons bien au delà de la mythologie et de la religion védiques, et éclairé

les points les plus obscurs de l'histoire des
idées mythologiques et religieuses des autres
nations aryennes, même de nations dont
les langages n'ont aucun rapport avec la
langue aryenne.

De même, le développement de l'idée
divine est dévoilé par le Véda, comme il
ne l'est nulle part ailleurs. Nous voyons
quelles étaient les forces éclatantes du ciel
et de la terre qui devinrent les *Dévas*, les
*Etres brillants*, ou les Dieux, les divinités
d'autres pays. Nous voyons comment ces
divinités personnelles et dramatiques cessé-
rent de satisfaire leurs adorateurs primitifs
et nous découvrons les raisonneurs débu-
tants qui admettent un *Dieu unique* derrière
toutes les divinités du panthéon primitif.
Un auteur aussi ancien que Yaska (environ
500 av. J.-C.) s'est composé une théologie
systématique, et représente toutes les divinités védiques comme se réduisant en réalité
à trois, celles comme le *Feu* dont la place
est sur la terre, celles comme *Indra* qui sont
dans l'air, et celles comme le *Soleil* qui

résident au ciel[1] ; bien plus, il déclare que
c'est en raison de la grandeur de la divinité
que l'Être divin unique est considéré comme
multiple[2].

### Croyance en un Dieu.

Nous voyons, toutefois, déjà dans les
anciens hymnes, c'est-à-dire en 1500 avant
J.-C., les premières traces de cette recherche
inquiète d'un seul Dieu. Les dieux, quoique
constituant des individualités distinctes, ne
sont pas représentés comme limités par
d'autres dieux, mais chaque dieu est, pendant un certain temps, imploré comme le
dieu suprême ; c'est une phase de la pensée
religieuse que l'on a nommée *hénothéisme*,
pour la distinguer du polythéisme ordinaire.
Ainsi un des dieux védiques, Indra, le dieu

---

1. Voir le texte anglais.

2. Les mêmes idées sont fort bien résumées dans un
des Oupanishads (*Brih. Ar. Oup.*, III, 9) où l'on nous
dit qu'il y avait d'abord plus de trois mille trois cents
dieux, mais qu'ils furent réduits à 33, à 6, à 3, à 2,
à 1 1/2, et enfin à un, qui est le souffle de vie, l'Être en
soi, dont le nom est *Cela*.

de l'air, est appelé *Visvakarman*, l'Artisan
de toute choses, tandis que le soleil (*Savitar*)
est invoqué sous le vocable *Pragapati*, le
Maître de tous les êtres vivants. En quelques
endroits, ce dernier est appelé, au neutre,
la grande Divinité de tous les dieux, mahát
devânâm asuratvám ékam. (R. V. III, 55 I.)

Tels furent en effet, les pas de géant que
nous pouvons constater dans différentes parties du Véda, depuis les plus simples invo-
cations des agents inconnus cachés dans le
soleil ou la lune, le ciel et la terre, jusqu'à
la découverte du seul Dieu, créateur du ciel
et de la terre [1], le Seigneur et le Père, et enfin
à la croyance en une divine *Essence* (Bráhman), dont le Père ou Créateur de toutes
choses est ce qu'ils appellent le *pratika* ou
visage, autrement dit la manifestation, ou
encore la *persona*, le masque, la personne.

Tel fut le résultat final de la pensée religieuse, commençant par une foi très naturelle
en des pouvoirs invisibles, acteurs cachés du

---

1. En parlant de Dieu créateur, M. Max Muller dépasse la pensée védique. (*Note du M. G.*)

drame terrible de la nature, et aboutissant
à la croyance en une seule grande Puissance,
ce Dieu inconnu ou plutôt invisible, adoré,
d'une manière ignorante, il est vrai, pendant
de longues années par les poètes de l'âge
védique. C'est ce trésor de l'antique pensée
religieuse que les sages des Oupanishads
héritèrent de leurs ancêtres, et nous allons
voir maintenant quel usage ils en firent, et
comment ils découvrirent enfin la véritable
relation qui existe entre ce que nous appelons le Divin ou l'Infini, tel qu'on le voit
objectivement dans la nature, et le Divin ou
Infini perçu subjectivement dans l'âme
humaine. Nous serons alors plus à même de
comprendre comment ils érigèrent sur cette
antique base ce qui fut à la fois la philosophie
la plus sublime et la religion la plus satisfaisante, le Védanta.

## Les deux formes du Védanta

Pour traiter de la philosophie védanta, il
faut faire une distinction entre les deux for-

mes sous laquelle nous la possédons. Nous
l'avons sous une forme non systématique,
comme une sorte de végétatiou inculte, dans
les Oupanishads, et nous l'avons ensuite,
soigneusement élaborée et complètement
systématisée dans les *Védanta-soutras*. Ces
*Soutras* sont attribués à Bâdarâyana [1], dont
la date, comme d'ordinaire, est contestée.
Ils ne forment pas un livre, dans le sens où
nous employons ce mot, car en réalité ils ne
sont que des aphorismes contenant la quintessence de la philosophie védanta. En eux-
mêmes ils seraient complètement inintelli-
gibles, mais appris par cœur comme ils
l'étaient et le sont encore, ils sont un fil très
utile pour se guider dans le labyrinthe du
Védanta. A côté de ces Soutras, toutefois, il
a dû toujours exister un corps d'enseignement

1. Ce Vyâsa Bâdarâyana ne peut pas, comme l'ont
supposé Weber et d'autres, être le même que Vyâsa
Dvaipâyana, le célèbre auteur du Mahbaharata. Le caractère de leurs œuvres est différent, il en est de même
de leur noms. Bâdarâyana, l'auteur des Brahma-soutras,
a, suivant l'opinion généralement reçue, vécu en 400
environ av. J.-C., mais cette assertion ne rcpose sur
aucune preuve péremptoire.

oral, et ce fut probablement cet enseignement traditionnel qui fut enfin réuni par Sankara, le fameux maître du Védanta, dans son soi-disant commentaire ou bhâshya des Soutras.

Ce bhashya, cependant, loin d'être un simple commentaire, peut être en fait considéré comme le véritable corps des doctrines védanta, dont les Soutras ne sont plus qu'un index utile. Toutefois, ces Soutras doivent avoir acquis de bonne heure une autorité indépendante, car ils furent interprétés de différentes manières par différents philosophes, Sankara, Ramânouga [1], Madhva, Vallabha et d'autres, qui devinrent les fondateurs de différentes sectes védanta [2], faisant toutes

1. Le Sarvadarsana-sangraba (P. 80, trad. Corvell), nous dit que Ramanouga, qui vivait au XIIe siècle, trouva le commentaire précédemment composé par Bodhàyana trop prolixe, et pour ce motif composa le sien. Ramanouga le dit lui-même dans son Sûbhâshya, et nous apprend que d'autres maîtres avant lui avaient fait la même chose (Véd. Soutras, trad. Thibaut, vol. I, p. XXI). Si le Vrittikara contre lequel certaines des remarques de Sankara sont dirigées, dit-on, est le même Bodhâyana, sa date serait pour le moins antérieure à 700 après J.-C.

2. Dans quelques cas les différents commentateurs des

appel aux Soutras comme à l'autorité
suprême.

Le trait le plus extraordinaire de cette philosophie védănta consiste, ainsi que je l'ai
déjà fait observer, en ce qu'il est un système
de philosophie indépendant, quoique dépendant entièrement des Oupanishads, qui font
partie du Véda, bien plus que sa principale
occupation est de prouver que toutes ses
doctrines, jusqu'aux points les plus minimes,
sont dérivées des doctrines révélées des Oupanishads, correctement comprises, qu'elles
sont en parfaite harmonie avec la révélation
et qu'il n'existe aucune contradiction entre
les différents Oupanishads eux-mêmes.

Védanta-soutras font violence au texte. Ainsi au chapitre
I, 15, le texte des Soutras est : Vikâra-Sabdân na iti ken
na prâhuryât. Cela veut indiquer que le suffixe màya
dans le mot ânandamaya n'implique pas nécessairement
l'idée de changement ou de degré, qui ne serait pas
applicable à Brahman, mais qu'il implique l'idée d'abondance (prâkurya). Or Vallabha explique prâkuryât non
comme un ablatif, mais comme un composé prâkurya-
at, c'est-à-dire allant vers ou atteignant l'abondance,
parce que ce monde matériel lui-même est Brahman, qui
a atteint la condition d'abondance (Shaddarsana-kinta-
nika III, p. 39).

## Les Oupanishads traités comme livres révélés, non comme livres historiques.

Il était nécessaire d'agir de la sorte, car les Oupanishads étaient considérés comme une révélation divine, et cette croyance était si fermement établie que même les philosophes les plus hardis de l'Inde durent concilier leurs propres doctrines avec celles de leurs anciens maîtres inspirés. Et ils l'ont fait avec l'ingénuité la plus extraordinaire et une persévérance digne d'une meilleure cause[1]. Pour nous les Oupanishads ont, il

1. Ainsi dans le commentaire des Ved.-Sutras II, 1, II, nous lisons : « Dans les matières qui doivent être connues par l'Ecriture, il ne faut pas se baser sur le simple raisonnement pour le motif suivant. Comme les pensées des hommes sont tout à fait libres, le raisonnement qui méprise les textes sacrés et repose uniquement sur l'opinion individuelle n'a pas de base solide. Nous voyons que les arguments que quelques hommes habiles avaient imaginé à grand'peine sont démontrés faux par des personnes encore plus ingénieuses, et que les arguments de ces dernières sont réfutés à leur tour par d'autres hommes ; de sorte qu'en raison de la diversité des opinions des hommes il est impossible d'accepter le raisonnement seul comme ayant une base sûre. Et nous ne

est vrai, un intérêt tout à fait différent. Nous observons en eux le développement histori-

pouvons surmonter cette difficulté en acceptant comme bien fondé le raisonnement de quelques personnes douées d'une supériorité intellectuelle reconnue, fût-ce Kapila ou un autre ; car nous remarquons que même les hommes dont l'intelligence supérieure est hors de doute, comme Kapila, Kanâda et d'autres fondateurs d'écoles philosophiques se sont contredits mutuellement ». Il est vrai que ce mode de raisonnement est contesté par le motif qu'en raisonnant contre le raisonnement nous admettons implicitement l'autorité de la raison. Mais à la fin Sankara tient que la vraie nature de la cause du monde, dont dépend l'émancipation finale, ne peut, en raison de son caractère abstrus, être même pensée sans le secours des textes sacrés. « Le Véda, ajoute-t-il, qui est éternel et la source de la science, peut être reconnu comme ayant pour objet des choses fermement établies, d'où il suit que la perfection de la science fondée sur le Véda ne peut être déniée par aucun logicien passé, présent ou futur. Nous avons ainsi démontré la perfection de notre science qui repose sur les Oupanishads ».

Voyez aussi II, 1, 27 : « Comme dit le Pourana : « N'appliquez pas le raisonnement à ce qui ne peut être pensé. Le signe de ce qui ne peut être pensé c'est d'être au-dessus de toutes les causes matérielles ». C'est pourquoi la connaissance de ce qui est suprasensible est basée sur les textes sacrés uniquement. Mais — dira notre adversaire — les textes sacrés eux-mêmes ne peuvent nous faire comprendre ce qui est contradictoire. Bráhman, dites-vous, qui ne comporte pas de parties, subit un changement, mais non Bráhman entier. Si Bráhman ne comporte pas de parties, ou bien il ne

que de la pensée philosophique et ne sommes
pas offusqués par suite de la diversité de
leurs opinions. Au contraire, nous nous
attendons à trouver de la diversité, et sommes même satisfaits de trouver une pensée
indépendante et des contradictions apparentes
entre les maîtres, quoique la tendance générale soit la même chez tous. Ainsi nous trouvons côte à côte des assertions comme celles-
ci : « Au commencement existait Brahman. »
« Au commencement existait l'Etre en soi. »
« Au commencement existait l'eau. » « Au
commencement il n'y avait rien. » « Au
commencement il y avait quelque chose. »
ou pour traduire ces deux sentences plus
correctement dans le langage de la philosophie européenne : « Au commencement était
le μὴ ὄν. » et « Au commencement il y avait

---

change pas du tout ou il change en son entier. Si,
d'autre part, l'on dit qu'il change en partie et persiste
en partie, une scission est opérée dans sa nature, d'où
il suit qu'il se compose de parties, etc... » Ici Sankara
admet une réelle difficulté, mais il l'explique en montrant
que la scission opérée en Bráhman est uniquement le
résultat d'Avidya (l'ignorance). Le même raisonnement
est employé au chapitre II, i, 31 et ailleurs.

τὸ ἕν. » Nous rencontrons dans les Oupanishads eux-mêmes des discussions provo-
quées par ces données contradictoires et
ayant pour objet de les concilier, par exemple,
quand nous lisons dans le *Khând-Oup*, VI,
27 : « Mais comment ce qui est pourrait-il
être né de ce qui n'est pas ? Non, mon fils,
cela seul qui est était au commencement,
unique, sans second [1]. » Mais tandis que dans
les Oupanishads ces diverses conjectures
s'approchant de la vérité paraissent semées
au hasard, elles furent ensuite tissées
ensemble avec une patience et une subtilité
admirables [2]. Le but uniforme, vers lequel ils
tendent tous, fut clairement exposé, et un
système de philosophie fut édifié à l'aide de
matériaux très disparates, qui est non seulement parfaitement cohérent, mais très clair et
précis sur presque tous les points de doctrine.
Quoique çà et là les Soutras admettent des
interprétations divergentes, aucun doute ne

1. Voyez *Taitt, Oup.* II, 7, *Livres sacrés de l'Orient,*
XV, p. 58.
2. Voyez *Vedânta-Soutras,* I, 4, 14-15.

subsiste sur l'un des points importants de la philosophie de Sankara, ce que l'on ne saurait dire d'aucun autre système de philosophie depuis l'époque de Platon jusqu'à celle de Kant.

## Préparation morale à l'étude du Védanta

L'étude de la philosophie dans l'Inde n'était pas seulement une partie intégrante de la religion des Brahmanes, mais elle était basée dès le début sur un fondement moral. Nous avons déjà vu que personne n'était admis à l'étude des Oupanishads sans avoir été convenablement initié et préparé par un maître qualifié et sans avoir rempli les devoirs civils et religieux incombant à un chef de famille. Mais cela ne suffisait pas. Nul n'était considéré comme apte à la vraie spéculation philosophique s'il n'avait complètement dompté ses passions. La mer ne doit plus être agitée par les tempêtes pour pouvoir refléter la lumière du soleil dans son calme et sa pureté divine. En conséquence,

l'ermite de la forêt devait être un ascète et
endurer de cruelles pénitences afin d'éteindre
toutes les passions qui auraient pu troubler
sa paix. Et ce n'était pas le corps seul qui
devait être dompté et endurci contre tous
les troubles extérieurs comme la chaleur et
le froid, la faim et la soif, six choses devaient
être acquises par l'esprit, à savoir : la tran-
quillité [1], l'abstention, l'abnégation, la lon-
ganimité, le recueillement et la foi. L'on a
pensé [2] que cette quiétude n'est guère l'ar-
mement qui convient au philosophe, lequel,
selon notre façon d'envisager la philosophie,
doit entasser Ossa sur Pélion pour attaquer
la forteresse de la Vérité et conquérir de
nouveaux royaumes sur la terre et au ciel.
Mais il faut nous rappeler que l'objet du
Védanta était de montrer que nous n'avons
en réalité rien à conquérir que nous-mêmes,
que nous possédons tout en nous, et qu'il

1. *Sama, Dama, Ouparati* (souvent expliqué comme
étant la cessation de tous les devoirs concernant les
sacrifices), *Tiliksha, Samâdhi, Sraddha.*

2. Deussen, *Système du Védanta*, p. 85.

n'est besoin que de fermer nos yeux et nos
cœurs à l'illusion du monde afin de nous
trouver plus riches que le ciel et la terre.
La foi elle-même, *Sraddhâ*[1], dont l'usage en
philosophie a été particulièrement contesté,
parce que la philosophie, selon Descartes,
doit commencer par *de omnibus dubitare*, a
sa place légitime dans la philosophie védanta,
car, comme la philosophie de Kant, elle nous
amène à voir que nombre de choses dépassent les limites de l'entendement humain,
et doivent être acceptées ou crues sans être
comprises.

Le caractère sérieux et religieux que les
Védantistes attachaient à la philosophie
ressort des qualités essentielles qu'ils exi-
geaient du vrai philosophe. Il devait avoir
abandonné tout désir de récompense en cette
vie ou dans la vie future. Il ne devait par
suite jamais songer à acquérir de la fortune,
à fonder une école, à se faire un nom dans
l'histoire ; il ne devait même pas penser à
une récompense dans une vie meilleure.

1. Certains textes la laissent de côté.

Tout cela peut paraître bien irréel, mais je
ne puis m'empêcher de croire que dans
l'Inde ancienne ces choses étaient réelles,
car pourquoi auraient-elles été imaginées ?
La vie était, comme maintenant encore, si
simple, si dépourvue d'artifice, qu'il n'y
avait pas d'excuse pour les irréalités. Les
anciens Brahmanes ne paraissent jamais
poser ; ils n'avaient guère d'ailleurs de public
devant qui poser. Il n'y avait pas d'autres
nations pour les observer, c'étaient des
barbares aux yeux des Brahmanes et ils
n'auraient fait aucun cas de leurs applaudissements. Je ne veux pas dire que les
anciens philosophes hindous fussent faits
d'une meilleure matière que nous. Je veux
dire seulement que beaucoup des tentations
auxquelles succombent nos philosophes modernes n'existaient pas au temps des Oupanishads. Sans vouloir faire aucune comparaison injurieuse, j'ai pensé nécessaire de
faire remarquer quelques-uns des avantages
dont les anciens penseurs de l'Inde jouissaient dans leur solitude, afin d'expliquer

ce fait extraordinaire qu'après 2000 ans
leurs œuvres sont encore capables de fixer
notre attention, tandis que chez nous, malgré
les annonces des revues amies ou hostiles,
le livre philosophique de la saison n'est si
souvent que le livre d'une saison. Dans
l'Inde, la philosophie qui prévaut est encore
la Védanta, et maintenant que l'impression
des anciens textes sanscrits a été mise en
train et est devenue profitable, il y a plus
d'éditions des Oupanishads et de Sankara
publiées dans l'Inde que de Descartes et de
Spinoza en Europe. Pourquoi cela ? Je crois
que l'excellence des anciens philosophes
sanscrits est due en grande partie à ce qu'ils
n'étaient pas troublés par la pensée d'un
public à satisfaire et de critiques à apaiser.
Ils ne pensaient à rien autre qu'à l'œuvre
qu'ils avaient déterminé de faire ; leur
unique idée était de la faire aussi parfaite
qu'elle pouvait l'être. Ils n'appréciaient que
les applaudissements de leurs égaux ou de
leurs supérieurs ; les éditeurs, rédacteurs et
critiques n'existaient pas encore. Faut-il

nous étonner, dans ces conditions, que leur
œuvre ait été faite aussi bien que possible,
et qu'elle ait duré des milliers d'années ?
Les anciens Oupanishads décrivent en ces
termes l'étudiant en philosophie doué des
qualités requises (*Brih. Oup.* IV, 4, 23) :
« Donc celui qui connaît l'Être en soi, après
être devenu calme, dompté, satisfait, patient
et recueilli, se voit soi-même dans l'Être en
soi, voit tout comme l'Être en soi. Le mal
ne le vainc pas, il vainc tous les maux. Le
mal ne le brûle pas, il brûle tous les maux.
Délivré du mal, délivré des souillures, délivré du doute, il devient un vrai Brâhmana ».

### Défiance du témoignage des sens

Une autre chose indispensable à l'étudiant
en philosophie était la faculté de distinguer
ce qui est éternel de ce qui ne l'est pas. Cette
distinction se trouve sans doute à la racine
de toute philosophie. La philosophie commence lorsque les hommes, après avoir
regardé le monde, s'étonnent, se troublent

et demandent : Qu'es-tu ? Il est des esprits
parfaitement satisfaits des choses telles
qu'elles apparaissent et complètement incapables de saisir autre chose que ce qui est
visible et tangible. Ils comprendraient difficilement ce que l'on veut dire par quelque
chose d'invisible et d'éternel, bien moins
encore pourraient-ils arriver à croire que ce
qui est invisible est seul réel et éternel,
tandis que ce qui est visible est, par la
nature même, irréel ou seulement phénoménal, changeant, périssable et non éternel.
Et cependant ils auraient pu apprendre de
saint Paul (2 *Cor.* IV, 18) que les choses
visibles sont temporelles, mais les choses
invisibles éternelles. Pour les Brahmanes,
être capable de se défier du témoignage des
sens était le premier pas dans la philosophie,
et ils avaient appris dès les temps les plus
reculés ce principe que toutes les qualités
secondaires, et même primaires, ne sont et
ne peuvent être que subjectives. Plus tard,
ils réduisirent ces anciennes intuitions philosophiques en système, et les raisonnèrent

avec une exactitude digne d'exciter notre surprise et notre admiration.

## Langage métaphorique des Oupanishads

Toutefois, dans la première période de la pensée philosophique qui nous est représentée par quelques-uns des Oupanishads, ils se contentaient de visions prophétiques qui n'étaient souvent exprimées qu'en des métaphores grosses de sens. Le monde phénoménal était pour eux comme le mirage du désert, visible mais irréel, excitant la soif sans jamais l'apaiser. La terreur du monde était comme la frayeur occasionnée par ce qui dans l'ombre semblait un serpent, mais à la lumière du jour ou de la vérité était reconnu comme une corde. Si on leur demandait pourquoi l'Infini doit être perçu par nous comme qualifié, ils répondaient : Regardez l'air du ciel, il n'est pas bleu ; cependant nous ne pouvons faire autrement que de le voir bleu. Si on leur demandait

comment l'Être Unique, Infini, l'Un sans
second, pouvait apparaître comme multiple
en ce monde, ils disaient : Voyez les vagues
de la mer et les bouillonnements des rivières
et des lacs ; en chacun d'eux le soleil se
reflète mille fois ; cependant nous savons
qu'il n'y a qu'un soleil, quoique nos yeux
ne puissent supporter la splendeur de sa
gloire et sa lumière éblouissante.

Il est intéressant toutefois d'observer avec
quel soin Sankara met en garde contre l'abus
des exemples métaphoriques. Il sait que
*omne simile claudicat.* Une comparaison,
dit-il avec raison, n'a pour objet que d'éclair-
cir *un* point et non pas tous ; autrement ce
ne serait plus une comparaison. Il continue
en remarquant que la comparaison de Brahman, le Soi suprême, comme reflété dans la
variété de l'univers, avec le soleil ou la lune
reflétés dans l'eau, n'est pas complètement
admissible, parce que le soleil a une certaine
forme et vient en contact avec l'eau qui est
différente et distante de lui ; dans ces conditions nous pouvons comprendre qu'il y ait

une image du soleil dans l'eau ; mais l'Atman
ou Soi suprême n'a pas de forme, et comme
il est présent partout et que tout est identique avec lui, il n'y a pas de conditions
limitatives différentes de lui. « Mais, ajoute-
t-il, si l'on objecte en conséquence que les
deux cas ne sont pas parallèles, nous répon-
drons : Le cas parallèle (de la réflexion du
soleil dans l'eau) subsiste, car *un* trait commun — par rapport auquel la comparaison
a été instituée — existe. Toutes les fois que
deux choses sont comparées, elles ne le sont
que par rapport à un point particulier qu'on
leur trouve en commun. L'entière égalité
entre deux choses ne peut jamais être dé-
montrée ; en effet, si elle pouvait l'être, la
relation particulière qui donne lieu à une
comparaison cesserait d'exister. » Sankara
ne se dissimulait donc pas le caractère dan-
gereux des comparaisons qui ont souvent
été funestes dans les discussions philosophiques et religieuses parce qu'elles ont été
étendues au delà de leurs limites propres.
Mais cela même ne le satisfait pas entière-

ment. Il semble dire : je ne suis pas respon-
sable de la comparaison ; elle se trouve dans
le Véda lui-même, et tout ce qui se trouve
dans le Véda doit être juste. Cela montre
que même la croyance en l'inspiration litté-
rale n'est pas une invention nouvelle. Puis
il ajoute que le trait spécial sur lequel repose
la comparaison est uniquement la partici-
pation « à la croissance et à la décroissance ».
Il veut dire que l'image réfléchie du soleil se
développe quand la surface de l'eau s'étend
et se contracte quand celle-ci se rétrécit ;
qu'elle tremble quand l'eau tremble et se
divise quand l'eau est divisée. Elle participe
ainsi à tous les attributs et conditions de
l'eau, tandis que le soleil réel demeure toujours le même. Semblablement le Brăhman,
l'Être suprême, bien qu'en réalité uniforme
et immuable, participe, semble-t-il, aux
attributs et états du corps et aux autres
conditions limitatives (oupâdhis) dans lesquelles il réside ; il semble croître et décroî-
tre avec eux, et ainsi de suite. En conséquence, comme deux choses comparées

possèdent certains caractères communs, aucune objection valide ne peut être faite à cette comparaison.

Cela vous montrera que, si poétique et parfois chaotique que le langage des Oupanishads puisse être, Sankara, l'auteur du grand commentaire des Védanta-soutras, sait raisonner avec précision et logique, et saurait soutenir son opinion contre n'importe quel contradicteur, Indien ou Européen.

Il y a une autre comparaison bien connue dans les Oupanishads, ayant pour objet d'illustrer la doctrine que Brahman est à la fois la cause matérielle et la cause efficiente du monde, que le monde est fait non seulement par Dieu, mais aussi de Dieu.

Comment peut-il en être ainsi ? demande l'élève, et le maitre répond : « Vois l'araignée, qui avec une intelligence extrême tire de son propre corps les fils de sa toile merveilleuse. » Ce qu'il entendait dire n'était certainement qu'un exemple destiné à aider l'élève à comprendre ce que signifiait cette

parole que Brăhman était à la fois la cause
matérielle et efficiente du trône du monde
créé. Mais quelle a été la conséquence ? L'un
des premiers missionnaires rapporte que le
dieu des Brahmanes était une grosse arai-
guée noire placée au centre de l'univers et
créant le monde en le tirant, comme des
fils, de son propre corps.

Les comparaisons, vous le voyez, sont
choses dangereuses, si l'on n'en use prudem-
ment, et quoique les Oupanishads abondent
en métaphores, nous verrons que personne
n'aurait pu se servir de ces exemples philosophiques avec plus de précaution que Sankara, l'auteur de l'œuvre classique sur la
philosophie védanta.

# L'AME ET DIEU

---

## EXTRAITS DES OUPANISHADS

### I. Du Katba Oupanishad

Je vais vous donner aujourd'hui tout d'abord quelques spécimens du style dans lequel sont écrits les Oupanishads.

Dans l'un des Oupanishads nous voyons un père se glorifier d'avoir fait un sacrifice complet et parfait en donnant aux dieux tout ce qu'il pouvait appeler son bien. Sur quoi son fils, son fils unique, semble lui reprocher de ne pas l'avoir sacrifié lui aussi aux dieux. Ce fait a été considéré comme une survivance des sacrifices humains dans l'Inde, de même que le consentement d'Abraham à sacrifier

Isaac a été reconnu comme une preuve de
l'existence antérieure de tels sacrifices chez
les Hébreux. Cela peut être, mais dans notre
cas il n'est pas question que le père ait réellement tué son fils. Après que le père a dit
qu'il voudrait donner son fils à la Mort nous
trouvons aussitôt que le fils est entré dans le
séjour de la Mort (*Yama Vaivasvata*) et, qu'en
l'absence de la Mort, il n'y a personne pour
le recevoir avec les honneurs dus à un
Brahmane. C'est pourquoi lorsque le Seigneur
des Trépassés, Yama, revient après trois
jours d'absence, il exprime ses regrets et
offre au jeune homme trois faveurs à choisir.
Le jeune philosophe demande d'abord que
son père ne soit pas en colère contre lui
quand il reviendra (il pense donc évidemment
revenir à la vie), et en second lieu qu'il puisse
acquérir la connaissance de certains actes
sacrificatoires qui font acquérir le bonheur
du Paradis. Quant à la troisième faveur il ne
veut rien d'autre que savoir ce que devient
l'homme après la mort. « Il y a ce doute, dit-
il, quand un homme est mort, les uns disent

qu'il est, d'autres qu'il n'est pas. Voilà ce
que je voudrais que tu m'enseignes, voilà la
troisième des faveurs ».

Yama, le dieu de la Mort, refuse de répondre à cette question, et tente le jeune homme
avec des dons de toutes sortes, lui promettant
la fortune, de belles femmes, une longue vie
et des plaisirs divers. Mais son hôte résiste
en disant (I, 26). « Ces choses durent jusqu'à
demain, ô Mort, et elles épuisent la vigueur
de nos sens. Même notre vie entière est
courte. Garde tes chevaux, garde la danse
et le chant pour toi. La richesse ne rend
aucun homme heureux. Pouvons-nous possé-
der la richesse quand nous te voyons, ô
Mort ? »

A la fin, la Mort est obligée de se rendre.
Elle a promis trois faveurs et est obligée de
tenir sa promesse. Tout cela jette une vive
lumière sur l'état de la vie et de la pensée
dans l'Inde il y a environ 3000 ans. Car, bien
que ce soit de la poésie, nous devons nous
rappeler que la poésie présuppose toujours
la réalité, et que nul poète n'aurait pu faire

avec succès appel à la sympathie humaine
sans toucher des cordes qui pouvaient vibrer.

Alors Yama dit : « Après avoir pesé tous
les plaisirs qui sont ou paraissent délicieux,
tu les a tous repoussés. Tu n'es pas entré
dans la route qui mène à la richesse, par où
tant d'hommes vont à leur perte. Tous s'agi-
tent dans l'ombre, qui croient être sages, et,
gonflés de vaine science, tournent en cercle
en chancelant çà et là, comme des aveugles
conduits par des aveugles. L'Après ne se
dresse jamais aux yeux de l'enfant qui ne
pense pas, trompé par l'illusion de la fortune.
Voilà le monde, pense-t-il, il n'en est pas
d'autre, et ainsi il tombe encore et encore
sous mon pouvoir — le pouvoir de la mort ».

Lorsque Yama s'est convaincu que son
jeune hôte Brahmane a dompté toutes les
passions, et que ni le sacrifice, ni la foi dans
les dieux ordinaires, ni l'espoir du bonheur
céleste ne le satisferont, il commence à lui
indiquer la véritable nature de Brâhmane
qui constitue l'éternelle réalité du monde,
afin de l'amener à voir l'unité de son âme,

c'est-à-dire de son moi avec Brăhman, car c'est là, selon les Oupanishads, la véritable immortalité. « Le Soi, dit-il, plus petit que ce qui est petit, plus grand que ce qui est grand, est caché dans le cœur de la créature. Un homme qui est libre de désirs et libre de peine voit la majesté du Soi par la grâce du Créateur »[1].

« Ce Soi ne peut être atteint par le Véda, ni par l'entendement ni par l'étude. Celui que le Soi choisit peut seul atteindre le Soi. Le Soi le choisit comme sien. »

Cette idée que la connaissance du Soi ne vient pas par l'étude ni par les bonnes œuvres, mais par la grâce ou le libre choix du Soi est familière aux auteurs des Oupa-

---

1. On est tenté de lire *dhâtuprasâdât,* et de traduire « par l'apaisement des éléments » en prenant éléments dans le sens des trois *Gounas : sattvam, ragas,* et *tamas ;* Voir *Gâbâla Oup.* IV. Mais la même expression *dhâtuh prâsadât* se trouve de nouveau dans le Svetâsvatara Oupanishad III, 20 et dans le Mâhânârây. *Oup.* VIII. 3, tandis que le mot composé dhâtuprâsadâ ne se rencontre pas dans les Oupanishads, et que prâsâda n'est jamais employé dans le sens d'égalisation des Gounas, mais constamment dans celui de faveur ou grâce d'êtres personnels (*Isvara,* etc.).

nishads, mais est différente de la grâce du Créateur dont il était question auparavant.

Puis il continue : « Aucun mortel ne vit par le souffle qui monte et par le souffle qui descend — ce que nous appellerions le souffle de vie. — Nous vivons par un autre souffle sur lequel ceux-ci reposent. » — Nous voyons ici que les Brahmanes avaient nettement perçu la différence entre la vie organique du corps et l'existence du Soi, différence qui a échappé à maints philosophes plus récents.

Et plus loin : « Lui, la Personne la plus haute, qui est éveillé dans les hommes pendant qu'ils sont endormis [1], et fait se succéder des délicieuses visions, est certes l'Être glorieux, il est Bráhman, lui seul est appelé l'Immortel. Tous les mondes sont contenus en lui et aucun ne le dépasse. »

« De même que le feu unique, après qu'il

1. Ce serait introduire une idée complètement moderne que de traduire : « L'esprit qui veille sur ceux qui dorment. » D'ailleurs *atyeti* ne signifie pas « échapper. »

a pénétré le monde, quoique un, devient semblable à chaque forme qu'il prend (semblable à toute chose en laquelle il brûle), de même l'Être unique devient différent selon les choses dans lesquelles il entre, — mais il existe aussi en dehors. »

« De même que le soleil, œil de l'univers, n'est pas contaminé par les impuretés extérieures vues par les yeux, de même l'Être unique qui existe en toutes choses n'est jamais contaminé par la misère du monde, étant lui-même en dehors. »

Vous voyez ici le caractère transcendant du Soi conservé, même après qu'il s'est incarné, de même que nous soutenons que Dieu est présent en toutes choses, mais en même temps les surpasse (*Westcott. S*t*-Jean*, p. 160).

Yama ajoute : « Il y a un maître, le Soi en toutes choses, qui rend multiple la forme unique. Aux sages qui le perçoivent dans leur soi ou âme, à eux appartient l'éternelle félicité, non à d'autres. »

« Sa forme ne peut être vue, personne ne

peut le regarder avec ses yeux. Il est conçu
par le cœur, par la sagesse, par l'esprit.
Ceux qui savent cela sont immortels. »

Remarquons combien peu l'esprit de l'auteur de cet Oupanishad, quel qu'il ait pu
être; est préoccupé de prouver l'immortalité
de l'âme par des arguments. Il en est de
même dans les religions de la plupart des
anciens peuples de la terre, et même dans
celles des races sauvages dont nous connaissons les opinions au sujet de l'âme et de sa
destinée après la mort. On n'essaie même
pas de réunir des arguments en faveur de
l'immortalité de l'âme, pour la simple räison,
semble-t-il, que si l'on a l'indéniable évi-
dence de la décrépitude et de la décomposi-
tion finale du corps, aucun indice de la mort
de l'âme n'est jamais arrivé à la connaissance de l'homme. Les idées concernant le
mode d'existence de l'âme après la mort
sont, sans doute, souvent très enfantines et
imparfaites, mais l'idée que l'âme finit complètement après la mort du corps, la plus
enfantine et imparfaite de toutes les idées,

appartient décidément à un âge postérieur.
Comme d'autres écrits sacrés, les Oupanishads se livrent aux descriptions les plus
fantaisistes du séjour de l'âme après la mort,
et leurs conceptions du bonheur ou du mal-
heur des esprits des morts ne sont guère
supérieures à celles des Grecs. C'est peut-
être la fantaisie de ces descriptions qui
suscita les doutes de penseurs plus sérieux
et leur fit rejeter la croyance en l'immortalité vulgaire des âmes, en même temps que
leur vieille croyance dans les Champs-Ely-
sées et les îles des Bienheureux. Toutefois
les Oupanishads adoptent un moyen bien
plus sage. Ils ne contestent pas la vieille
croyance populaire, ils la laissent comme
utile à ceux qui ne connaissent pas de bonheur supérieur à l'accroissement du bonheur
dont ils jouissaient en cette vie, et qui, par
de bonnes œuvres, ont mérité l'accomplissement de leurs espérances et de leurs désirs
humains. Mais ils réservent une immortalité supérieure, ou plutôt la seule véritable
immortalité, à ceux qui ont acquis la con-

naissance de l'éternel Bráhman et de leur identité avec lui. et qui peuvent aussi peu douter de leur existence après la mort que de leur existence avant la mort. Ils savaient que leur être véritable, comme celui de Bráhman, était sans commencement et par suite sans fin, et ils étaient assez sages pour ne pas se laisser aller à des visions prophétiques sur la forme exacte que prendrait leur existence future.

L'immortalité est représentée comme le résultat de la connaissance. L'homme est immortel dès qu'il se connaît soi-même, ou plutôt dès qu'il connaît son soi, c'est-à-dire, le Soi éternel qui est en lui.

L'ensemble de cette philosophie peut être appelé la propriété commune des antiques penseurs de l'Inde. Il était assez naturel qu'elle n'ait pas dû être enseignée aux enfants ou au peuple encore incapable de pensée plus haute ; mais aucune personne qualifiée par la naissance et l'éducation n'en était écartée. Ce qui nous frappe, c'est une certaine réticence, même de la part de la

Mort, quand elle est mise en demeure de
communiquer sa science à son jeune hôte.
Nous voyons que le maître n'ignore pas la
haute valeur de sa science et qu'il la confie
à son élève plutôt à contre-cœur et comme
la chose la plus précieuse qu'il puisse
donner.

## II. — Du Maitrâyana Oupanishad

Nous trouvons la même hésitation dans
un autre épisode tiré du Maitrâyana Oupanishad. Ici ce n'est plus un jeune Brahmane,
mais un vieux roi qui a abandonné la couronne à son fils et s'est retiré dans la forêt
pour méditer sur la vie et la mort. Il rencontre là un sage ermite, et se jette à ses
pieds en disant : « O Saint, je ne connais pas
le Soi, tu connais son essence. Enseigne-la
moi. »

Ici également, le maître dit d'abord au roi
que ce qu'il demande est difficile à enseigner.
Mais le roi insiste : « A quoi bon jouir des

plaisirs, dit-il, dans ce corps dégoûtant et sans substance — qui n'est qu'un amas d'os, de peau, de muscles, de moelle, de chair, de semence, de sang, de mucosités, de larmes, de flegmes, d'ordure, d'eau, de bile et de glaires? A quoi bon jouir des plaisirs dans ce corps qui est assailli par la luxure, la haine, la gourmandise, l'illusion, la crainte, l'angoisse, la jalousie, la séparation de ce que nous aimons, l'union avec ce que nous n'aimons pas, la faim, la soif, la vieillesse, la mort, la maladie, la souffrance et d'autres maux? Nous voyons que tout est périssable, comme les insectes, comme les herbes et les arbres qui croissent et dépérissent. Des rois puissants, habiles à l'arc — suit une longue liste de noms, — ont, sous les yeux de toute leur famille, abandonné leur bonheur suprême et ont passé de ce monde dans l'autre. De grands océans se sont desséchés, des montagnes sont tombées, l'étoile polaire elle-même se déplace [1], les cordes qui retien-

---

1. C'est sans doute la plus ancienne mention de la précession des équinoxes.

nent les astres ont été coupées[1], la terre a
été submergée[2] et les dieux même se sont
enfuis de leurs séjours. Dans un monde tel
que celui-là, à quoi bon jouir des plaisirs si
celui qui s'en est nourri doit revenir encore
et encore ! » (Vous voyez ici la crainte d'une
autre vie ; la crainte non de la mort, mais de
la naissance, qui pénètre toute la philosophie
hindoue). « Daigne-donc dit-il, me faire sortir. Dans ce monde je suis comme une gre-
nouille dans une mare desséchée. O Saint,
tu es la voie, tu es ma voie. »

Alors suit l'enseignement, non pas, toutefois, sorti de la pensée du maître lui-même,
mais tel que lui-même le tient d'un autre
maître nommé Maitri. Et Maitri également
n'est pas indiqué comme étant ce que nous
appellerions l'auteur, mais lui aussi ne fait
que rapporter ce qui a été révélé par Pragă-
pati, le seigneur des créatures, à d'autres
saints, les Vâlakhilyas. Tout cela découvre

1. Cela peut se rapporter aux étoiles filantes ou aux
comètes.
2. Cela se réfère probablement à la tradition d'un
déluge.

un passé historique profond, et quelques
fantaisistes que certains détails puissent
nous paraître, nous avons l'impression que
la vie décrite en ces Oupanishads était
réelle, qu'en des temps très reculés, les
habitants de cette magnifique et fertile contrée
étaient occupés à raisonner les pensées qui
sont rapportées dans les Oupanishads, qu'ils
étaient réellement une race d'hommes différente de nous, différente de toute autre race,
qu'ils se préoccupaient davantage de l'invisible que du visible, et que parmi eux des
princes et des rois descendaient réellement
de leurs trônes et quittaient leurs palais,
pour méditer, dans les bocages ombreux et
frais de leurs forêts, sur les problèmes non
résolus de la vie et de la mort. A une époque
bien plus rapprochée, Gautama Bouddha fit
de même, et ce serait une exagération de
scepticisme historique que de douter qu'il
ait été le fils d'un roi ou d'un noble et qu'il
abandonna son trône et tout ce qu'il possédait, pour devenir un philosophe et ensuite
un maître. Quand nous voyons que son

succès parmi le peuple dépendit du sacrifice
qu'il fit de sa couronne et de sa fortune, de
sa femme et de son enfant, pour devenir un
Bouddha et un sauveur ; bien plus, quand
nous voyons que l'un des plus graves repro-
ches qui lui furent adressés par les Brahmanes fut que lui, étant un Kshatrya ou
noble, eut osé assumer l'office de précepteur
spirituel, nous ne pouvons guère douter qu'il
s'agisse là de faits historiques, quoiqu'ils
aient pu être embellis par ses sectateurs
enthousiastes.

Dans notre Oupanishad, la première question posée est la suivante : « O Saint, ce
corps est sans intelligence, comme un char.
Qui a rendu ce corps intelligent, et qui est
son conducteur ? Alors Pragapati répond que
c'est Celui qui est au delà, sans passion au
milieu des objets du monde, infini, impérissable, incréé et indépendant, que c'est Brāh-
man qui a rendu ce corps intelligent et est
son conducteur ».

Alors vient une nouvelle question, à savoir
comment un être sans passions ni désirs a

pu être poussé à faire cela, et la réponse est quelque peu mythologique, car l'on nous dit que Pragapati *(Visva)* était seul au commencement, qu'il n'avait pas de bonheur étant seul, et qu'en méditant sur lui-même il créa de nombreuses créatures. Il les regarda et vit qu'elles étaient comme des pierres, sans entendement, et se tenant comme des poteaux, sans vie. Il ne fut pas content et pensa qu'il voudrait entrer en elles pour les éveiller. Il le fit par des moyens propres, et devint alors le principe subjectif qui existe en elles, tout en restant lui-même immobile et immaculé. Puis suivent des détails physiologiques et psychologiques que nous pouvons passer. Viennent ensuite de magnifiques passages proclamant la présence de Bráhman dans le soleil et dans d'autres parties de la nature : mais la fin est toujours la même, à savoir que : « Celui qui est dans le feu et Celui qui est dans le cœur et Celui qui est dans le soleil, ne sont tous qu'un seul et même être », et que celui qui sait cela ne fait qu'un avec l'Être unique (VI, 17). « Comme

les oiseaux et les daims n'approchent pas
d'une montagne en feu, de même les péchés
n'approchent jamais ceux qui connaissent
Brăhman ». Et plus loin (VI, 20) : « Par la
sérénité de cette pensée il tue toutes les
actions bonnes ou mauvaises ; son soi serein,
demeurant dans le Soi, obtient la béatitude
impérissable ».

« Les pensées seules, dit-il, sont la cause
du cycle de la naissance et de la mort ; que
l'homme s'efforce donc de purifier ses pensées. Ce qu'un homme pense, il l'est ; voilà
l'antique secret [1]. (VI, 34.) Si les pensées
des hommes étaient fixées sur l'Eternel ou
Brăhman, comme elles le sont sur les choses
de ce monde, qui ne serait délivré de la
servitude? ». Quand un homme, ayant affran-
chi son esprit de la paresse, de la distraction
et de l'inquiétude, est en quelque sorte délivré
de son esprit, il a atteint le but suprême.

---

1. La même idée est exprimée par Bouddha dans le
premier vers du Dhammapada. (*Livres sacrés de l'Orient*,
X, p. 3.) « Tout ce que nous sommes est le résultat de
ce que nous avons pensé, fondé sur nos pensées, fait
de nos pensées ».

« L'eau dans l'eau, le feu dans le feu, l'éther dans l'éther, nul ne peut les distinguer ; de même un homme dont l'esprit est entré dans l'Eternel, dans Brăhman, obtient la liberté».

## Analyse du sujet et de l'objet par Sankara

Nous allons voir maintenant quel admirable système de philosophie a été édifié à l'aide de ces matériaux par l'auteur ou les auteurs de la philosophie védanta. Là les fragments épars sont arrangés avec soin et coordonnés systématiquement, l'on avance pas à pas et le fil de l'argumentation n'est jamais rompu ni perdu. Les Védanta-soutras ne peuvent être traduits, et s'ils l'étaient auraient aussi peu de sens que les différents titres de chapitres dans le programme de mes conférences. Je vais essayer toutefois de vous donner un spécimen du style de Sankara, à qui nous devons le commentaire approfondi de ces soutras et qui est effectivement le principal représentant de la philo-

sophie védanta dans l'histoire littéraire de
l'Inde. Mais je dois vous avertir que son style,
bien qu'il ressemble beaucoup plus à celui
d'un livre ordinaire, est difficile à suivre, et
exige le même effort d'attention que celui
qu'il nous faut déployer pour saisir les arguments compliqués d'Aristote ou de Kant.

« Comme il est bien connu, dit Sankara,
au début même de son ouvrage, que l'objet
et le sujet, qui sont perçus par *Nous* et *Vous*
(ou, comme nous disions, par le Moi et le Non-
moi), sont opposés l'un à l'autre dans leur
essence même, comme l'obscurité et la
lumière, et qu'en conséquence l'un ne peut
prendre la place de l'autre, il suit de là que
leurs attributs également ne peuvent être
intervertis ». Ce qu'il veut dire c'est que le
sujet et l'objet, ou ce qui est compris sous les
noms de *Nous* et *Vous*, ne sont pas seulement
différents l'un de l'autre, mais diamétrale-
ment opposés, et s'excluent mutuellement,
de sorte que ce qui est conçu comme objet
ne peut jamais être conçu comme le sujet
d'une proposition, et *vice versâ*. Nous ne

5

pouvons jamais penser ou dire : « Nous
sommes Vous » ou « Vous êtes Nous » et
nous ne pouvons jamais substituer des qualités subjectives aux objectives. Ainsi, par
exemple, le *Vous* peut être vu, entendu et
touché, mais le *Nous* ou le *Moi* ne peut
jamais être vu, entendu ou touché. Son être
a pour caractère de connaître, non d'être
connu.

Après avoir établi cette proposition générale, Sankara continue : « Nous pouvons
donc conclure que transférer ce qui est
objectif, c'est-à-dire qui est perçu comme
*Vous*, le non-moi et ses qualités, à ce qui
est subjectif, c'est-à-dire à ce qui est perçu
comme *Nous*, le Moi, qui est composé de
pensées, ou *vice versâ* transférer le subjectif
à l'objectif, est une erreur absolue. Un sujet
ne peut jamais être qu'un sujet, l'objet
demeure toujours l'objet.

« Cependant, continue-t-il, c'est une habitude inhérente à la nature humaine, une
nécessité de la pensée, pour ainsi dire, une
chose dont la nature humaine ne peut

s'abstenir, que de dire, en combinant le vrai et le faux : « Je suis ceci, et ceci est mien. » C'est une habitude causée par une fausse appréhension de sujets prédicats qui sont absolument différents, et de ne pas distinguer l'un de l'autre, mais de transférer l'essence et les qualités de l'un à l'autre ».

Vous pouvez observer aisément que les mots sujet et objet ne sont pas employés par Sankara seulement dans leur sens logique, mais que par sujet il entend ce qui est vrai et réel, c'est-à-dire le Soi, divin ou humain, tandis qu'objectif veut dire selon lui ce qui est phénoménal et irréel, comme le corps avec ses organes et tout le monde visible. En combinant les deux, des constatations comme celles-ci : « je suis fort ou je suis faible, je suis aveugle ou je puis voir » constituent la fausse appréhension qu'il considère comme inhérente à la nature humaine, mais qui néanmoins est erronée, et qui doit être diminuée et finalement détruite par la philosophie védanta.

Puis il recherche ce que signifie cet acte

de transfert du sujet à l'objet. Toutes les
définitions paraissent se réduire à ceci : que
ce transfert consiste à imaginer dans son
esprit ou sa mémoire que l'on reconnaît une
chose vue auparavant, et que l'on voit
ailleurs. Il donne comme exemple le fait que
certaines personnes confondent la nacre avec
l'argent, c'est-à-dire transfèrent à la nacre
l'essence et les qualités qu'elles ont vues dans
l'argent. Ou encore, que quelques personnes
s'imaginent voir deux lunes, bien qu'elles
sachent parfaitement qu'il n'y en a qu'une.
De même, l'on croit que l'être vivant ou le
moi ordinaire est le vrai sujet, le soi, ou
qu'il y a deux soi, le corps et l'âme, tandis
qu'il ne peut y en avoir qu'un, qui est tout
en tout. La nature de ce transfert qui se
trouve à la racine de toute expérience ou
illusion mondaine, est expliquée une fois de
plus comme « le fait de prendre une chose
pour ce qu'elle n'est pas » et il cite comme
exemple, l'homme compatissant qui dit qu'il
va mal et qu'il est misérable, quoiqu'il se
porte lui même très bien et que ce soient sa

femme et ses enfants qui souffrent. De même un homme qui dit qu'il est gros ou maigre, qu'il se meut, se tient debout ou saute, qu'il fait quelque chose, qu'il désire ceci ou celà, tandis qu'en réalité lui-même, c'est-à-dire son moi véritable, le sujet idéal n'est que le témoin de tous ces actes et de tous ces désirs, le spectateur, qui est ou devrait être tout à fait indépendant des divers états de son corps.

Sankara conclut en disant en résumé que tout cela est fondé sur ce transfert ou supposition erronées, qu'en fait tout ce que nous savons ou tenons pour vrai dans le domaine de la science ou de la philosophie ordinaire, ou de la loi, ou de toute autre matière, appartient au royaume d'*Avidya, la Nescience* et que l'objet de la philosophie védanta est de dissiper cette *Nescience* et de la remplacer par *Vidya*, ou vraie science.

Cette manière de raisonner peut nous paraître étrange, à nous qui sommes accoutumés à une atmosphère de pensée toute différente, mais elle contient cependant une

idée importante, et qui n'a jamais, que je
sache, été complètement utilisée par les philosophes européens, c'est l'incompatibilité
fondamentale entre le subjectif et l'objectif;
bien plus, l'impossibilité que le sujet devienne
jamais objet, ou un objet sujet. Le sujet, pour
les védantistes n'est pas un terme logique
mais métaphysique. C'est, en réalité, un
autre nom du soi, de l'âme, de l'esprit, de
l'élément éternel dans l'homme et en Dieu.
Les philosophes européens, quelle que soit
leur opinion au sujet de l'âme, parlent
toujours d'elle comme d'une chose que l'on
peut connaître et décrire et qui peut par
suite constituer un objet. Si le philosophe
hindou est clair sur un point c'est sur celui-ci :
que l'âme subjective, témoin ou sujet connaissant le soi, ne peut jamais être connu
comme objet, mais ne peut être qu'elle-même
et ainsi consciente d'elle-même.

Sankara n'a jamais admis que le moi ou
sujet put être connu comme objet. Nous ne
pouvons nous connaître nous-mêmes qu'en
étant nous-mêmes ; et si d'autres personnes

croient nous connaître, elles connaissent
notre *soi* phénoménal, notre *moi*, jamais
votre *soi* subjectif, parce qu'il ne peut être
qu'un sujet ; il connait mais ne peut être
connu. De même, si nous nous imaginons
connaître les autres, ce que nous connaissons
est ce qui est visible, connaissable, l'apparence, mais jamais le soi qui pénètre tout.
De même encore, si nous prêtons à ce qui
n'est qu'objectif, comme le ciel, une rivière,
une montagne, une personnalité subjective,
nous errons, nous faisons de la mythologie
et de l'idolâtrie, nous créons une fausse, non
une vraie science.

Quand nous disons que l'univers est divisé
en monde visible et en monde invisible, en
phénomènes et en noumènes, le védantiste
dirait qu'il y a un monde subjectif et un
objectif et que ce qui est subjectif, dans le
sens ou ils emploient ce mot, ne peut jamais
être perçu comme objectif, et *vice-versâ*. Les
psychologues s'imaginent qu'ils peuvent
traiter l'âme comme un objet de connaissance, la disséquer et la décrire. Le védan-

diste dirait que ce qu'ils dissèquent, pèsent, analysent et décrivent n'est pas l'âme, dans le sens où il entend ce mot, ce n'est pas le sujet, ce n'est pas le soi, dans le sens le plus élevé du mot. Ce qu'ils appellent perception, mémoire, conception, ce qu'ils appellent volonté et effort, tout cela, selon le védantiste, est en dehors du soi, et même dans ses plus parfaites et sublimes manifestations n'est que le voile au travers duquel le soi éternel regarde le monde. Du soi caché derrière le voile, nous ne pouvons rien savoir si ce n'est qu'il est, et cela également nous le savons d'une manière différente de toute autre connaissance. Nous le savons parce que nous le sommes, de même que l'on peut dire que le soleil brille de sa propre lumière et que par elle il éclaire l'univers.

La doctrine qui se rapproche le plus de celle de Sankara concernant le sujet et l'objet, est, je crois, celle de la volonté (*wille*) et de la représentation (*vorstellung*) de Schopenhauer : sa volonté correspond à Bráhman, sujet du monde, unique réalité,

sa représentation au monde phénoménal,
tel qu'il est vu objectivement par nous, et
que l'on doit reconnaître comme irréel,
changeant et périssable. Ces idées sont
familières aux auteurs des Oupanishads.
Pour eux la vraie immortalité consiste donc
simplement et entièrement dans la connaissance que le soi prend de soi-même. Ainsi
dans un fameux dialogue[1] entre Yagnavalkya
et sa femme Maitreyi qui désire suivre son
mari dans la forêt et apprendre de lui ce
qu'est l'âme et l'immortalité, Yagnavalkya
résume tout ce qu'il a à dire dans ces mots :
« En vérité, bien-aimée, le soi, c'est-à-dire
l'âme, est impérissable et de nature indes-
tructible. Car quand il y a, en quelque sorte,
dualité, alors l'un voit l'autre, l'un entend
l'autre, l'un perçoit l'autre, l'un connaît
l'autre. Mais quand le soi seul est tout cela,
comment pourrait-il voir un autre, entendre
un autre, percevoir ou connaître un autre ?
Comment connaîtrait-il celui par qui il connaît tout ? Le soi ne peut être décrit que par

1. Briḥ. Ar. Oupanishad, IV, 6.

ces mots : Non, non (c'est-à-dire en protes-
tant contre tout attribut). Le soi est incom-
préhensible, il est impérissable, il est indépendant et libre. Comment, ô bien-aimée,
pourrait-il, lui celui qui connaît, connaître
celui qui connaît ? ».

Voilà le point important. Comment celui
qui connaît pourrait-il connaître celui qui
connaît ? ou comme nous dirions, comment
l'âme peut elle connaître l'âme ? Elle ne peut
être que celle qui connaît, celle en qui sujet
et objet ne font qu'un, ou plutôt en qui il
n'y a pas de distinction entre le sujet et
l'objet, dont l'être même est la connaissance
et dont la connaissance est l'être. Aussitôt
que le soi est conçu et changé en quelque
chose d'objectif, l'Ignorance pénètre, la vie
cosmique illusoire commence, l'âme paraît
être ceci ou cela, vivre et mourir, tandis
que comme sujet elle est à l'abri de la vie et
de la mort, elle est à part, elle est immor-
telle. « Voilà la véritable immortalité »
comme dit Yagnavalkya, et sur ces mots il
s'éloigna dans la forêt.

### L'héritage du Védanta

Revenons maintenant à ce que j'ai appelé l'héritage des philosophes védantistes. Nous avons vu qu'ils ont hérité d'un concept lentement élaboré dans les hymnes védiques et les Brahmanas, celui de Brăhman, c'est-à-dire ce dont, comme disent les Védanta-Soutras, l'origine, la continuation et la dissolution du monde procèdent (*Védanta-Soutras*, I, 2). Les seuls attributs de ce Brăhman, s'ils peuvent s'appeler des attributs, sont qu'il est, qu'il sait et qu'il est plein de félicité.

Mais si tel est le concept le plus haut de l'Etre suprême, de Brăhman ou le Dieu dans le sens le plus élevé, un concept, comme ils disent, si haut que la parole est impuissante à l'exprimer, puisque l'esprit ne peut le saisir[1] ; si, comme ils disent, il est inconnu des sages mais connu des fous — *Coynoscendo ignoratur, ignorando cognoscitur* — comment pouvait-on-concilier ce concept

---

1. S\ Augustin. *De doctr. Christ.* I, 6 : « Si autem dixi non est quod dicere volui ».

sublime avec les descriptions ordinaires de Brăhman données dans le Véda, bien plus dans quelques parties de ces mêmes Oupanishads, comme créateurs faisant et gouvernant le monde, parfois même comme une divinité ordinaire ?

## Pas de Védanta ésotérique

L'on a supposé que le védanta se composait de deux écoles, l'une exotérique l'autre ésotérique, que le concept vulgaire de Bráhman était réservé à la première, le sublime à la seconde. Cette opinion contient quelque vérité, mais elle me paraît importer nos idées européennes dans l'Inde. Dans l'Inde, la vérité était accessible à tous ceux qui en avaient soif. Rien n'était tenu secret, personne n'était exclu du temple, ou plutôt de la forêt, de la vérité.

Il est vrai que les plus basses classes, composées peut-être des aborigènes, étaient exclues. La classe des Soudras n'était pas admise à l'éducation instituée pour les castes

hautes ou régénérées. Les admettre à l'étude
du Véda cela eut été comme si l'on admettait
des sauvages nus à la salle des conférences
de l'Institut Royal.

Et cependant, en principe, cette exclusion
même était injuste et en contradiction évi-
dente avec le véritable esprit du Védanta.
L'on suppose généralement que les membres
de la quatrième caste, les Soudras, étaient
les aborigènes et appartenaient donc à une
race différente de celle des conquérants
aryens. Cela peut être exact, bien qu'aucune
preuve n'en ait été rapportée, et nous savons
que même des personnes de langue aryenne
pouvaient perdre leurs droits de caste et
tomber à un rang social aussi bas que celui
des Soudras, et même plus bas. Bâdârayana
parle également de gens qui, à cause de leur
pauvreté ou d'autres circonstances, prennent
place entre les trois classes supérieures et
les Soudras. Et en ce qui les concerne, il déclare formellement qu'ils ne doivent pas être
exclus de l'étude du Védanta. La question
de savoir si les vrais Soudras y peuvent

être admis ou non, a été vivement
controversée parmi les Védantistes mais
finalement ils se sont décidés pour l'exclusion. Et cependant il y a des cas dans les
Oupanishads qui semblent indiquer que cet
esprit d'exclusion était autrefois moins vio-
lent. Nous ne devons pas oublier que l'un
des hymnes du Rig-Véda déclare que les
Soudras sont issus de Brăhman comme les
autres castes. Nombre de textes indiquent
qu'ils parlaient le même langage que les
Brahmanes. Il y a deux cas, au moins,
où les Oupanishads semblent parler des
Soudras comme étant admis à la sagesse du
Védanta, à savoir ceux de Gânasruti et de
Satyakâma.

L'histoire de Gânasruti est quelque peu
obscure, et quoique Gânasrouti soit formellement appelé Soudra, le caractère de l'épisode dans son entier paraît plutôt indiquer
qu'il était un Kshatrya, et que Raikva ne
l'appelait Soudra que pour l'outrager. Les
Brahmanes eux-mêmes essayent par une
étymologie forcée de démontrer que le terme

Soudra dans ce passage ne doit pas être pris dans son sens technique, mais quoi qu'il en soit, ils admettent qu'un véritable Soudra n'aurait pas pu être instruit dans le Védanta. L'épisode est narré en ces termes.

I. — « Il y avait une fois un homme appelé Gânasruti Pantrayana (arrière petit-fils de Gânasruta) qui était un pieux donateur, distribuant des biens considérables au peuple et tenant toujours maison ouverte. Il bâtit des lieux de refuge partout, désirant que partout le peuple mangeât de sa nourriture.

II. — « Une fois, pendant la nuit un vol de hamsas (flamands) passa, et un flamand dit à l'autre : « Eh ! Bhâllaksha, Bhallaksha (myope) la lumière (gloire) de Gânasruti Pantrayana est vaste comme le ciel. Ne la touche pas, de peur qu'elle ne te brûle ».

III. — « L'autre lui répondit : Comment pouvez vous parler de lui, étant donné ce qu'il est, comme s'il était semblable à Raikva avec le char ? ».

IV. — « Le premier répondit : « Comment

est-ce Raikva avec le char, dont tu parles ?».

« L'autre répondit : « De même que (au jeu de dés) toutes les basses castes appartiennent à celui qui a conquis la caste Krita (la plus haute) de même toutes les bonnes actions faites par les autres appartiennent à Raikva avec le char. Celui qui sait ce qu'il sait, j'en parle en ces termes ».

V. — « Ganasruti Pantrayana entendit cette conversation, et le matin dès qu'il se leva il dit à son portier : « Tu parles donc, de moi comme si j'étais Raikva avec le char ? ». Il répondit : « Comment est-ce Raikva avec le char ? ».

VI. — « Le roi dit : « De même que (au jeu de dés) toutes les basses castes appartiennent à celui qui a conquis la caste Krita (la plus haute) de même toutes les bonnes actions que font les autres appartiennent à Raikva avec le char. Celui qui sait ce qu'il sait j'en parle en ces termes ».

VII. — « Le portier alla à la recherche de Raikva, mais revint en disant : « Je ne l'ai pas trouvé »,

Alors le roi dit : « Hélas ! il faut aller le trouver là où il faut chercher un Brahmana (dans la solitude de la forêt).

VIII. — « Le portier rencontra un homme qui était couché sous un char et écorchait ses ulcères. Il lui dit : Seigneur, êtes vous Raikva avec le char ? ».

« Il répondit : « Certes, je le suis ».

« Alors le portier revint et dit : Je l'ai trouvé ».

I. — « Alors Ganasruti Pantrayana prit six cents vaches, un collier, une voiture attelée de mules, alla trouver Raikva et dit :

« Raikva voici six cents vaches, un collier et une voiture attelée de mules ; apprenez-moi la divinité que vous adorez »,

III. — « L'autre répondit : « Fi ! conserve le collier et la voiture, ô Soudra, ainsi que les vaches ! ».

« Alors Gânasruti Pantrayana prit de nouveau mille vaches, un collier, une voiture attelée de mules et sa propre fille, et vint le trouver.

IV. « Il lui dit : « Raikva, voici mille

vaches, un collier, une voiture attelée de mules, cette femme et ce village où tu habites. Seigneur, instruis moi ! ». « Lui, levant son visage, dit : « Vous avez apporté ces choses (vaches et autres présents) ô Soudra, mais ce visage seul (de ta fille) eut suffi à me faire parler ».

Puis vient l'enseignement de Raikva qui ne nous paraît guère digne du prix si considérable qu'en offrit Ganasruti. Le seul point important de l'histoire quant à notre objet actuel est de savoir si Ganasruti était réellement un Soudra ou, si Raikva ne l'appela ainsi que dans un mouvement de colère. Il me semble qu'un homme qui a un portier ou chambellan Kshatrya, qui bâtit des villes de refuge, qui peut faire des présents de milliers de vaches, donner un territoire à un Brahmane ; enfin qui peut espérer que sa fille sera un don acceptable pour un Brahmane, n'aurait pu être un Soudra de naissance. Les Védantistes n'avaient donc pas besoin de se donner tant de peine pour écarter le cas de Ganasruti en tant que précédent, pour l'admission des vrais Soudras à l'étude des Oupanishads et du Védanta.

L'autre exemple n'est pas non plus tout à fait probant. Satyakàma n'est pas un Soudra de naissance, il est le fils de Gabâlâ qui paraît avoir été une Brâhmani, mais qui eut un fils dont elle ignorait le père. Mais comme elle et son fils répondent sincèrement, Gantama Hâridrumata, le maître qu'il a choisi, accepte le jeune homme comme un Brahmana et l'instruit.

L'histoire se trouve dans le Khandogya Oupanishad IV, 4 :

I. Satyakama (c.-a.-d. Philalethes) fils de Gabala s'adressant à sa mère lui dit : « Je désire devenir un Brahmakarin (étudiant religieux) ma mère. De quelle famille suis-je ? »

II. — Elle lui répondit : « Je l'ignore, mon enfant. Dans ma jeunesse, quand je servais les hôtes nombreux qui fréquentaient la maison de mon père, je t'ai conçu. J'ignore de quelle famille tu es. Mon nom est Gabala, le tien Satyakama. Dis que tu es Satyakama

Gabala (un membre de la famille des Gabalas, mais ici simplement le fils de Gabala).

III. — Il alla trouver Gantama Haridrumata et lui dit : « Je désire devenir un Brahmakarin avec vous, Seigneur. Puis-je venir près de vous, Seigneur ? »

IV. — Il répondit : « De quelle famille êtes-vous, mon ami ? Il dit : « Je l'ignore, Seigneur. J'ai demandé à ma mère et elle m'a répondu : « Dans ma jeunesse quand j'étais servante je t'ai conçu. J'ignore de quelle famille tu es. Je m'appelle Gabala, tu es Satyakama. — Je suis donc Satyakama Gabala, Seigneur ».

Le maître lui dit : Un vrai Brahmana peut seul parler ainsi. Allez chercher du combustible, ami, je vais vous initier. Vous ne vous êtes pas écarté de la vérité ».

Ces histoires jettent un jour intéressant sur l'état de la société au temps des Oupanishads. Mais aucune d'elle ne me paraît prouver, comme le supposent certaines personnes, le droit des Soudras d'être instruit dans les Védanta. Ce droit reposait, il est vrai, sur un motif supérieur, la qualité d'homme commune aux Brahmanes et aux Soudras ; mais ce principe ne fut reconnu que quand Bouddha proclama une fois pour toutes qu'aucun homme n'est Brahmane par la naissance, mais seulement par les bonnes pensées, les bonnes paroles et les bonnes actions. Mais si les Soudras étaient exclus, tous ceux des castes supérieures, Brahmanas, Kshatryas ou Vaisyas étaient admis à l'étude des Oupanishads et de la philosophie, à condition toutefois d'avoir fait preuve des qualités nécessaires pour se livrer à ces hautes spéculations. Cette exigence de certaines qualités n'est certes pas une exclusion, et nulle doctrine ne peut être appelée ésotérique qui est ouverte à tous ceux qui sont capables et désireux de la pénétrer [1]. En tout cela,

1. On a dit avec raison que la tradition gnostique n'était secrète qu'en tant que tous les chrétiens ne la connaissaient certainement pas, mais non en ce sens que tous n'avaient pas le droit de la comprendre. C'est pourquoi Clément niait que l'Eglise possédat διδαχὰς ἄλλας ἀπορρήτους, tandis qu'il parle de τὸ τῆς γνώμης ἀπόρρητον; c. f. Bigg, *Bampton Lectures on Christian Platonists*, 1888, p. 75.

nous ne devons jamais oublier qu'il s'agit
de l'Inde, où, à l'époque à laquelle les Oupanishads furent composés et enseignés, il
n'existait pas de manuscrits. Un maître était
le dépositaire, le représentant vivant d'une
composition littéraire, et chaque maître était
libre d'accepter ou de refuser comme élève
qui bon lui semblait. Les professeurs libres
font de même à Oxford et personne ne qua-
lifie leur enseignement d'ésotérique.

Nous lisons parfois que c'est le devoir du
père d'enseigner ces hautes doctrines à son
fils, et si la place du père est prise par un
maître, il lui est recommandé de voir si son
pupille est d'esprit serein et doué de toutes
les qualités nécessaires (*Maitr. Oup.*, VI, 29)
mais nous ne lisons jamais que des pupilles
ayant les qualités requises aient été exclus.
Nous lisons encore (*Svet. Oup.*, VI, 23) que
ce haut mystère du védanta, révélé dans un
âge antérieur, ne devait pas être dévoilé à
quelqu'un qui n'a pas dompté ses passions,
ou à celui qui n'est pas un fils ou un pupille ;
mais nous n'avons aucune raison de douter

que celui qui était dûment qualifié ne fût
dûment reçu et instruit.

## Relation entre le Brahman supérieur et le Brahman inférieur

En ce qui concerne les sujets enseignés
dans les Oupanishads, le but suprême des
anciens philosophes Védanta était de montrer que ce que nous pourrions appeler le
Brahmăn ésotérique est essentiellement le
même que l'exotérique, qu'il n'y a et ne peut
y avoir en réalité qu'un seul Brăhman, et
non deux. Le concept vulgaire de Brahmăn,
comme créateur n'était pas considéré comme
entièrement erroné ; il était dû, sans doute,
à la *nescience avidya*, mais il n'était pas
absolument vide ou rien ; il était ce que nous
appelons *phénoménal*. Mais les védantistes
distinguaient soigneusement ce qui est
*phénoménal* de ce qui est *faux* ou *rien*. Il y
a une réalité derrière le monde phénoménal,
il n'est pas un pur néant comme certains
philosophes bouddhistes l'ont dit ; il n'est

pas non plus absolument illusoire, comme l'ont pensé certains des derniers védantistes qui furent, pour ce motif, appelés crypto-bouddhistes (*prakkhana-bouddhas*). La supériorité des philosophes védanta est d'avoir toujours vu la réalité derrière l'irréel. Ainsi, ils distinguent le Brahman qualifié (*sagouna*) du non-qualifié (*agouna*) et ils reconnaissent un Brahman qualifié pour la pratique (*vyavahâra*) et plus spécialement pour le culte (*oupâsana*) parce que, pour adorer, l'esprit humain a besoin d'un Dieu qualifié et objectif, un Dieu le Père ou le Créateur, quoique ce Père ne puisse être qu'une personne, un *pratika* ou visage de la substance divine, comme l'appellent les Brahmanes, employant cette même comparaison de visage, *persona* ou personne, que nous connaissons bien par les écrits des premiers Pères de l'Église. Donc Brahmăn peut être adoré comme *Isvara* ou Seigneur, comme un Dieu personnel et conditionné, bien que l'on sache que dans sa substance il est bien au-dessus des conditions et limites inhé-

rentes à la personnalité. Le philosophe
védanta peut même, si bon lui semble,
satisfaire sa soif d'adoration en concevant
Brahmán tel qu'il est décrit dans le Véda,
comme un être « dont la tête est le ciel,
dont les yeux sont le soleil et la lune, dont
le souffle est le vent, et dont le marchepied
est la terre », mais il peut aussi satisfaire
ses appétits rationnels en confessant qu'un
être tel que l'homme ne peut jamais percè-
voir ni concevoir Dieu, ni émettre une
affirmation quelconque digne de Lui. Le
philosophe védanta disait donc : « Nous ne
pouvons que dire « non, non » de Dieu » de
même qu'Athanase déclarait (*ad monachos* 2)
qu'il est impossible de comprendre Dieu et
que nous ne pouvons que dire ce qu'il n'est
pas. Et si saint Augustin a dit qu'en ce qui
concerne Dieu, le silence vaut mieux qu'une
discussion [1], les philosophes indiens l'on
devancé également sur ce point. Sankara
(III, 2, 27) cite le dialogue suivant d'un
Oupanishad : « Vâshkali dit : Seigneur,
enseignez-moi Brahman. Bâhva garda le

silence. Quand Vâshkali eut posé la même question une seconde et une troisième fois, Bâhva répondit : Nous le disons, mais tu ne comprends pas que le soi est tout à fait silencieux ». Et cependant ce Brăhman dont l'esprit humain est impuissant à affirmer quoique ce soit hormis son existence, sa connaissance, sa perfection et sa félicité, devait être adoré par ceux qui en éprouvaient le désir, car bien qu'il ne fut affecté lui-même d'aucun attribut, il n'y avait aucun inconvénient pour l'adorateur ou l'adoré à ce qu'il fut appelé le Seigneur, le créateur, le père, le préservateur et le gouverneur du monde.

Et ce qui s'applique à Brăhman, grande Cause de toutes choses, s'applique aussi au grand Effet, c'est-à-dire à l'Univers. Sa réalité substantielle n'est pas niée car elle repose sur Brăhman, mais tout ce que nous voyons et entendons par nos sens limités, tout ce que nous percevons, concevons et nommons est purement phénoménal, comme nous disons, et n'est que le résultat d'Avidya,

comme disent les védantistes. La comparaison universelle que le monde est un
songe se rencontre fréquemment dans le
védanta[1].

### Rapport entre l'Atman supérieur et l'Atman vivant

Il nous faut suivre les antiques raisonneurs
védantistes un pas plus avant, quand ils tirent
hardiment les conséquences de leur propo-
sitiou fondamentale, qu'il n'y a et ne peut y
avoir qu'un seul Brăhman, cause de toutes
choses, cause à la fois matérielle et efficiente.
Rien ne pourrait exister à côté de Brăhman,
ni matière ni âmes, car si quelque chose existait à côté de lui, il s'en suivrait que Brăhman
était limité, tandis que par définition il est
illimité *Mam advityam*, celui qui n'a pas de
second. Mais s'il en est ainsi, que devient
alors l'âme subjective, le Soi qui est en nous ?
Personne ne peut nier son existence, déclare

1. « Quae pugna verborum silentis cavenda magis
quam voce pacanda est. » (*De Doctr. Christ.* I, 6).

le Védantiste, car celui qui la nierait serait
le Soi dénié lui-même, et personne ne peut
se dénier soi-même. Qu'est alors ce vrai Soi
ou sujet qui est en nous ? ou, comme nous
disions, qu'est notre âme ? Quand nous parlons de Soi, en sanscrit *Atman*, nous devons
toujours nous rappeler qu'il n'est pas ce
qu'on appelle communément le moi, mais
quelque chose de bien différent. Ce que nous
appelons le moi est déterminé par l'espace
et le temps, par la naissance et la mort, par
le milieu où nous vivons, par notre corps,
nos sens, notre mémoire, notre langage,
notre nationalité, notre caractère, nos pré-
jugés et une foule d'autres choses. Tout cela
constitue notre moi ou notre caractère, mais
n'a rien à faire avec notre Soi. Donc traduire
*atman* par âme, comme font plusieurs savants,
est une inexactitude, car âme signifie tant de
choses, l'âme animale ou vivante (θρεπτική)
l'âme perspective (αἰσθητική) et l'âme pensante
(νοητική) qui toutes, selon le Védanta, sont
périssables, non-éternelles et ne constituent
pas le Soi. Ce que, nous l'avons vu, Brăhman

est pour le monde, sa cause éternelle et
omniprésente, le Soi l'est pour le Moi ; par
suite Brăhman fut bientôt appelé *Parama-
âtman*, le Soi suprême, tandis que le Soi de
l'homme fut appelé *Giva-atman*, le Soi vivant
ou pour un temps.

### Différentes opinions de la philosophie indienne sur l'âme

Il y eut, dans l'Inde comme ailleurs, des
philosophes qui déclarèrent que le Soi ou
l'âme n'était rien du tout, ou qu'il était le
produit du corps, ou que les sens étaient
l'âme, ou que l'esprit (*Manas*) ou nos pensées
et notre connaissance étaient l'âme. Ils assi-
gnèrent même différentes places dans le corps
à l'âme comme les poètes imaginent que
l'âme réside dans le cœur, ou les amants
croient qu'elle vit dans les yeux, ou encore,
comme Descartes, ils soutinrent qu'elle est
située dans le conarium ou glande pinéale,
ou comme maints biologistes le prétendent
encore, qu'elle se trouve dans la partie corti-

6.

cale du cerveau, parcequ'elle agit au moyen du cerveau. Le Védantiste a donc tout d'abord à réfuter toutes ces opinions hérétiques en distinguant l'âme de ce qui n'est pas l'âme, l'éternel du périssable. Personne ne peut douter que notre corps est périssable ; il en est évidemment de même de nos sens, et en conséquence de nos sensations, et de ce qui dérive d'elles, nos perceptions, notre mémoire, nos concepts, toutes nos pensées, tout notre savoir, si profond, si compréhensif soit-il. Après avoir déduit tout cela, il ne reste plus de choix : le Soi individuel doit être dans sa réalité absolue ce qui, suivant le précédent argument du Védanta, est le tout en tout, l'être unique sans second, c'est à dire Brăhman ou le Soi suprême — ou, comme nous dirions, notre âme *doit être divine*.

Mais en quel sens pourait-il être le Soi suprême ? Quelques philosophes avaient enseigné que le Soi humain était une partie du Soi divin ou une modification de celui-ci, ou une chose créée et entièrement différente de lui. Soukara démontre que chacune de ces opinions est insoutenable. Il ne peut pas être une partie du Soi divin, dit-il, car nous ne pouvons concevoir des parties à ce qui n'est ni dans le temps ni dans l'espace. S'il existait des parties du Brăhman infini, il cesserait d'être infini et prendrait un caractère fini quant à ses parties [1]. En second lieu l'âme vivante ne peut pas être une modification du Soi divin, car Brăhman, par définition même est éternel et immuable, et comme il n'y a rien en dehors de Brăhman, il n'y a rien qui puisse causer en lui un changement. En troisième lieu, le Soi vivant ne peut pas être une chose différente du Soi divin, parce que Brăhman, s'il est quelque chose, doit être tout en tout, de telle sorte qu'il ne peut rien y avoir de différent de lui. Si troublante qu'ait dû paraître de prime abord cette conclusion, que le Soi divin et le Soi humain sont identiques en substance, le

---

1. Spinoza, *Ethique*, I. XII. « Nullum substantiae attributum potest vere concipi, ex quo sequitur substantium non posse dividi ».

philosophe Védanta n'a pas reculé devant elle mais au contraire l'a accepté comme inévitable. L'âme est Dieu, cette proposition nous effraie nous-même ; cependant si elle n'est pas Dieu que peut-elle être ? Nous hommes plus accoutumés à l'expression : l'âme est divine ou semblable à Dieu, mais qui peut ressembler à Dieu si ce n'est Dieu lui-même ? Si Brăhman est « unique et sans second » il s'en suit, dit le Védantiste, qu'il n'y a pas place pour une chose qui n'est pas Brăhman. La sentence souvent répétée « *Tat tvam asi* » (Tu es lui) ne signifie pas que l'âme est une partie de Brăhman, mais que Brăhman tout entier est l'âme. Les Védantistes étaient en effet ce que Henry More et les autres Platonistes de Cambridge auraient appelé *Holnemerians,* croyant que l'esprit est présent tout entier dans chaque partie, (ὅλος ἐν μέρει).

## Les Oupadhis causes de différence
## entre l'âme et Dieu

Mais alors il faut répondre à cette question : *comment* Brăhman et le Soi individuel
peuvent-ils être un ? Brăhman ou le Soi divin
est éternel, omnipotent et omniprésent,
notre moi n'est évidemment pas tel. Pourquoi donc ? parce qu'il est conditionné, enchaîné, soumis aux *oupadhis* ou *obstacles*.
Ce sont ces *oupadhis* qui sont cause que le
Soi absolu apparaît comme Soi incorporé
(*Sariraka*). Ces oupadhis sont le corps et ses
organes, les instruments de perception, conception et de toute pensée, et le monde objectif *vishaya*). Nous voyons tous les jours
que le corps grossier et ses membres déclinent
et périssent ; ils ne peuvent donc être appelés éternels. Ils sont des objets, non le sujet,
ils ne peuvent constituer le sujet éternel le
Soi. Toutefois à côté de ce corps grossier qui
périt au moment de la mort, il y en a, supposent les Védantistes, un autre appelé le corps

subtil (*sukshma Sariram*) composé des esprits vitaux, des facultés des sens et du *manas* (esprit). Ce corps subtil est supposé être le véhicule de l'âme incorporée, qui réside en lui après la mort, jusqu'à ce qu'elle renaisse. En effet, aucun philosophe indien ne révoque en doute le fait de la transmigration ; il est pour lui aussi certain que notre émigration à travers cette vie. Les détails physiologiques de cette migration ou transmigration sont souvent fantaisistes ou enfantins. Comment aurait-il pu en être autrement en ces temps primitifs ? Mais le grand fait de la transmigration n'est pas ébranlé par ces détails fantaisistes, et l'on sait que ce dogme a été admis par les plus grands philosophes de tous les pays. Et ces détails plus ou moins fantaisistes n'affectent pas non plus les grandes lignes du système Védanta en tant que philosophie, car l'entière vérité du Védanta une fois saisie, la transmigration aussi, de même que la béatitude du paradis céleste, s'évanouit. Quand le Soi humain est reconnu comme identique au Soi éternel, il n'y a plus possibilité de migration, il n'y a plus que paix et repos éternel en Bráhman.

Cette doctrine que ce que nous appelons notre monde réel est un monde fabriqué par nous, que rien ne peut être long ou court, blanc ou noir, doux et amer, en dehors de nous, que notre expérience ne diffère pas en fait d'un songe, a été hardiment professée par Berkeley, dont John Stuart Mill, qui n'est cependant pas un idéaliste de profession, déclare qu'il a été le plus grand génie philosophique de tous ceux qui depuis les temps les plus reculés ont appliqué la puissance de leur esprit aux recherches métaphysiques. C'est un témoignage considérable, venant d'un tel homme. « L'univers physique, dit Berkeley, que je vois, sens et infère, n'est que mon rêve et rien d'autre, ce que vous voyez est votre rêve ; seulement nos rêves s'accordent sur bien des points. »

Le feu professeur Clefford, qui de même n'était pas un rêveur ni un idéaliste, a exprimé la même conviction en écrivant[1] :

1. *Fortnighlly review*, 1875, p. 780.

« Au point de vue physique un rêve est exactement aussi bon que la vie réelle, la seule différence réside dans la vivacité et la cohésion. » Or que dit le Védantiste ? Aussi longtemps que nous vivons, dit-il, nous rêvons ; et notre rêve est réel aussi longtemps que nous rêvons ; mais quand nous trouvons ou plutôt quand nous nous réveillons et que nos yeux sont ouverts par la science, un monde nouveau, une nouvelle réalité se lèvent devant nous, ce que Platon appelle le monde réel dont nous ne connaissions auparavant que les ombres. Cela ne veut pas dire que le monde phénoménal n'est absolument rien, non, il est toujours l'effet dont Bráhman, source de toute réalité, est la cause, et comme selon le Védanta, il ne peut exister une différence substantielle entre la cause et l'effet, le monde phénoménal est substantiellement aussi réel que Brăhman, bien plus, il est en son ultime réalité Bráhman lui-même.

## Psychologie du Védanta

La terminologie psychologique des Védantistes peut sembler très imparfaite et incer-
taine ; mais elle a un grand avantage : elle
ne confond pas l'âme avec la pensée. L'âme
ou Soi n'a que trois qualités : elle est, elle
perçoit et elle se réjouit. Mais cette perception
de l'âme n'est pas ce que nous entendons par
penser ; c'est plutôt la lumière ou l'éclat qui
distingue l'homme du monde inanimé, qui
brille intérieurement, et qui, lorsqu'elle
éclaire quelque chose, est appelée perception
ou *bouddhi*. Dans l'un des Oupanishads nous
lisons que les hommes étaient d'abord raides
comme des souches ; ce n'est que lorsque
Brâhman entra en eux qu'ils furent éclairés
par l'intelligence. Ce que nous appelons
perception, mémoire, conception, imagination et raisonnement sous toutes ses formes
est accompli par certains instruments appelés les sens (*indriya*) et par le *Manas,* que
l'on traduit généralement par esprit, mais

qui est réellement le *sensorium commune*, le point de concentration des sens. Les instruments primaires de toute cette connaissance, les organes des sens, sont périssables, et il en est de même du résultat obtenu par leur intermédiaire, si sublime qu'il puisse paraître dans ses stages les plus élevés. Le Védantiste reconnait cinq organes ou sens pour la perception (*bouddhi*) et cinq pour l'action (*karman*). Les premiers servent à percevoir le son, la forme, la couleur, le goût et l'odeur, les derniers pour les actes de saisir, se promener, parler, etc...

Toutes les sensations sont conduites par les sens à l'esprit, *manas*, le *sensorium commune* qui étant attentif ou inattentif perçoit ou ne perçoit pas ce qui lui est apporté. Les fonctions du *Manas* sont diverses, telles que la perception (*bouddhi*), la connaissance conceptive (*vignâna*) et la pensée discursive (*kitta*). Ces trois fonctions prennent souvent un caractère indépendant, et se tiennent alors à la place ou à côté du *Manas*. De là une grande confusion dans la terminologie

psychologique[1]. D'autres manifestations ou
occupations de ce Manas ou esprit sont le
désir (*kama*)[2], l'imagination (*sankalpa*), le
doute (*vikikitsa*), la foi (*sraddha*), le manque
de foi (*asraddha*), la résolution (*dhriti*),
l'irrésolution (*adhriti*), la honte (*hri*), la
réflexion (*dhri*) et la crainte (*Chi*)[3]. Il est
difficile de trouver des équivalents exacts en
notre langue pour tous ces termes techniques.
Parfois le mot mémoire paraît la meilleure
traduction de *Manas*. (*Védanta-Soutras*, II,
3, 32). En effet l'esprit ou manas, dans les
Oupanishads est très compréhensif, pres-
qu'autant que la *Mens* de Spinoza, quoique
moins défini. Mais nonobstant ce défaut de
détermination des Oupanishads, dans ce
premier essai de classification des fonctions
de l'esprit, Sankara, en vrai moniste, tient

1. Parfois quatre *vrittis* ou activités de l'organe interne
sont mentionnées ; ce sont *manah* (la mémoire ou
l'esprit), *bouddhi* (la perception), *ahamkara* (la personnalité) et *kitta* (la pensée).
2. Cf. Spinoza. *Ethique* II, VII-3 « Modi cogitandi,
utamor cupiditas, etc... »
3. En outre, la considération (*samsaya* et *vikalpa*) et la
décision (*viskaya* et *adhyasaya*).

lui-même pour l'unité de l'esprit et de ses dix organes et traite toutes les autres manifestations comme autant de fonctions (*vrittis*) d'une seule et même puissance mentale, appelée *Antah-karana* ou l'organe interne.

## Notre esprit n'est pas notre soi (atman)

Tout cela peut paraître bien imparfait ; cependant l'on y trouve une grande vérité, à savoir que notre Soi n'est ni notre corps ni notre esprit, ni même nos pensées, dont la plupart des philosophes sont si fiers, mais que toutes ces choses ne sont que des conditions auxquelles le Soi est soumis, des fers par lesquels il est enchaîné, bien plus, des nuages qui l'obscurcissent au point de lui faire perdre le sens de son unité substantielle avec le Soi suprême, et oublier le caractère purement phénoménal de l'univers soit extérieur soit intérieur.

## Les Oupadhis causés par Avidya

Mais une nouvelle question ne tarda pas à se poser : d'où viennent ces *Oupadhis* ou

conditions, ce corps, ces sens, cet esprit et
tout le reste ? Et la réponse fut, d'avidya ou
de la nescience. Originellement, je crois,
cette nescience fut considérée comme purement subjective, comme un aveu de notre
inévitable ignorance de tout ce qui est transcendant, ignorance reconnue d'un commun
accord par les plus grands philosophes. Mais
bientôt cette *avidya* fut conçue comme une
puissance indépendante. Ce ne fut plus seulement l'ignorance personnelle, ce fut l'ignorance universelle, une ignorance n'affectant
pas seulement le Soi humain, mais couvrant
d'ombre pendant un temps le Soi suprême,
Bráhman lui-même, qui, comme nous l'avons
vu, est la substance du Soi humain., Mais
alors se pose de nouveau la question : comment l'ignorance peut-elle affecter le Soi
suprême qui est Tout en Tout, qui n'est soumis à rien d'extérieur à lui, parcequ'il n'y a
rien en dehors de lui, qui donc est parfait à
tous égards ? Le Védantiste ne peut que
répondre qu'il en est ainsi. L'on a souvent
dit qu'il n'est pas satisfaisant pour un philo-

sophe de n'avoir pas davantage à dire que :
il en est ainsi, sans être capable de dire
pourquoi. Mais il est un point dans chaque
système de philosophie ou un aveu d'ignorance est inévitable, et les plus grands philosophes ont dû avouer qu'il y a des limites
à notre compréhension du monde ; que dis-
je, cette connaissance des limites de notre
compréhension est, depuis la critique de la
raison pure de Kant, devenue la base même
de toute philosophie critique. Le Védantiste
voit partout l'œuvre d'avidya, la nescience.
Il la voit dans ce fait que nous ne connaissons pas notre vraie nature et que nous
croyons au monde objectif tel qu'il apparaît
et disparaît. Il se garde d'appeler cette universelle avidya *réelle*, dans le sens où Brahman
est réel, cependant il ne peut pas la dire
absolument irréelle, puisqu'elle a du moins
causé tout ce qui semble réel, tout en étant
elle-même irréelle. Sa seule réalité consiste
dans le fait qu'elle doit être présumée, et
qu'il n'y a pas d'autre présomption possible
pour rendre compte de ce que l'on appelle

le monde réel. Quant à savoir ce qu'est cette
nescience ou avidya, cela est impossible,
bien plus, contradictoire à ce terme même.
Et à cet effet l'on cite un vers très expressif,
à savoir que : celui qui voudrait connaître
*avidya* est comme un homme qui voudrait
voir l'obscurité au moyen d'une torche éclai-
rant au loin [1].

## Avidya détruite par la science

Mais si pendant un temps cette *nescience* a

[1]. Cette opinion concernant la nescience ou avidya
est clairement exposée dans le *Védanta siddhántamouk-
tavali*, traduit par le professeur Venis (pp. 14, 15).
« Quant à la réalité de la nescience (avidya) il n'y a pas
de preuve, révélée ou humaine.... La *nescience* est-elle
prouvée par le Véda ou par la perception, etc..., ou est-
elle présumée rendre compte du monde de l'expérience,
qu'on ne peut expliquer autrement ? Elle n'est pas prouvée par le Véda, ni par la perception, l'induction, ou
l'enseignement humain. Car, si la nescience était clairement prouvée par l'un de ces moyens, la controverse
cesserait. Et puisqu'il n'y a pas de preuve de la Nescience
il faut nécessairement accorder que la Nescience est
*présumée* pour rendre compte de la production du
monde irréel qui autrement est inexplicable. Car il n'y
a pas d'autre moyen que cette présomption de la
nescience ». Voir la traduction du *Védanta-Sara* par le
colonel Jacob.

le pouvoir de nous conquérir et de nous
asservir, nous avons de notre côté le pouvoir
de la conquérir et l'asservir enfin par la vraie
science, (*vidya*) et même de la détruire ainsi
que toutes ses œuvres ; et cette vraie science
cette *vidya* c'est la philosophie Védanta. Il
est vrai que nous ne pouvons briser nos fers,
mais nous pouvons savoir que ce ne sont
que des fers ; nous ne pouvons nous affranchir de notre corps et de ses sens, ou détruire
le monde phénoménal, mais nous pouvons
nous envoler au-dessus de lui et le surveiller
jusqu'à ce qu'il s'arrête. Cela s'appelle la
liberté même en cette vie (*givanmoukti*) et
cette liberté devient parfaite au moment de
la mort. Le philosophe Védanta a un exemple pour chaque cas. La roue du potier, dit-il
continue à tourner, même après que l'impulsion qu'on lui a donnée a cessé. De même
notre vie phénoménale continue, quoique
son impulsion, à savoir *avidya* ou la *nescience* ait été supprimée. Le dernier mot en
cette vie, le dernier mot de la philosophie
Védanta est *Tat tvam asi, tu es lui* ou *Aham*

*brahmasmi, je suis Brahman.* « Ainsi, nous
dit-ou, les fers du cœur sont brisés, tous les
doutes sont déchirés, toutes les œuvres sont
détruites, car l'Eternel (Brăhman) le suprême
et l'intime, a été vu. »

Je vais vous lire pour conclure un autre
court chapitre de Sankara (IV. I. 2) où il
essaie d'expliquer en quel sens notre Soi peut
être le Soi suprême et comment l'âme peut
avoir son véritable être en Dieu et en Dieu
seul.

## Comment l'âme peut être une avec Dieu

Sankara dit : « L'auteur des Soutras considère si l'*Atman*, le Soi, doit être reconnu
comme étant le moi, ou comme différent du
moi. Et si l'on dit comment peut-il y avoir
un doute, si l'on considère que le mot *Atman*
est employé dans le Véda dans le sens du
Soi interne ou du moi ? — la réponse est
que ce mot *Atman* peut être pris en ce sens
original, à condition qu'il soit possible de
tenir l'âme vivante et le seigneur pour iden-

tiques ; mais sinon, alors, et alors seulement, le mot peut être pris dans son sens secondaire ». Sur ce le contradicteur habituel est mis en scène pour dire : « Il ne peut pas être pris dans le sens primitif de moi, car celui qui possède les qualités de perfection, etc., c'est-à-dire le Seigneur, ne peut pas être compris comme possédant les qualités contraires (péché, etc.) ni *vice versâ*. Or le Seigneur suprême est sans péché, le Soi incorporé, au contraire est pécheur. D'autre part, si le Seigneur était plongé dans *Samsâra* (la migration) s'il était un être temporel, *ipso facto* il ne serait plus le Seigneur et l'Écriture perdrait par suite son sens. En outre, en supposant que le Soi temporaire puisse être le Soi du Seigneur, l'Ecriture serait dépourvue de sens, car personne ne serait qualifié (pour étudier le Védanta et retourner à l'état de Brahman) bien plus le témoignage des sens serait démenti. Et si l'on dit, en admettant que les deux sont différents, et que l'Ecriture enseigne que nous devons les considérer comme ne faisant qu'un, pourquoi ne pas admettre alors que cette proposition doit être prise dans le même sens que lorsque l'on dit que Vishnou ne fait qu'un avec ses images? Cela vaudrait certainement mieux que d'admettre que l'âme temporelle est le Seigneur suprême lui-même. Telle est notre opinion » c'est-à-dire telles sont les objections qui peuvent être faites, pour les besoins de la discussion contre l'autre système qui est le seul vrai. A tout cela nous répondons, dit Sankara : que le Soi temporel est le même que le Soi du Seigneur [1].

« Le Seigneur suprême doit être considéré comme le Soi (qui est en nous) car en parlant du Seigneur suprême les Gabalas le considèrent comme le Soi (qui est en nous) en disant : En effet, je suis toi, ô sainte Divinité, et tu es moi, ô Divinité. De même, d'autres passages tels que: « Je suis Brahman »

1. Le professeur Thibaut (*Introd.* p. 100) et le colonel Jacob paraissent admettre que cette doctrine de l'identité du Soi individuel et du Soi suprême ne peut être attribuée à Badarayana. (Jacob. *Védanta sara.* p. IV). Telle est cependant la doctrine des Oupanishads.

doivent être considérés comme enseignant que le Seigneur est le Soi (intérieur). Il y a des textes védanta qui enseignent que le Seigneur est le Soi (intérieur) par exemple : « C'est ton Soi qui est en tout » « Il est ton Soi le maître intérieur, l'immortel ». « Tel est le Vrai, tel est le Soi, et tu es lui ». Et quand l'on suggère qu'il ne s'agit que d'une similitude symbolique, comme dans le cas des images de Vishnou, cela est complètement déplacé, car l'on peut objecter que c'est une comparaison forcée (secondaire) ; bien plus, la construction des sentences elles-mêmes s'y oppose. Car quand l'on veut faire percevoir une similitude symbolique, le mot est employé une fois, par exemple : « Brăhman est l'Esprit ». « Brăhman est *Aditya* (le soleil). Mais dans notre texte il est dit : « Je suis toi, tu es moi ». Par conséquent en raison de la différence des expressions de l'Ecriture nous devons admettre qu'il n'y a pas de différence (entre le Seigneur et le Soi). En outre l'on trouve une dénégation distincte de la différence dans le Véda. Car il dit : « Quiconque' adore un autre Dieu, en pensant, il est un et moi un autre, ne sait rien ». (*Brih. Ar. Oup.*, I, 4, 10). « Il va de la mort à la mort celui qui voit là de la diversité ». (*Brih.*, IV, 4, 19) et plus loin : « Quiconque cherche quelque chose ailleurs que dans le Soi, est abandonné par toutes choses ». (*Brih.*, II, 4, 6). Ces passages et d'autres encore du Véda contredisent l'opinion qu'il y a une différence (entre le Soi personnel et le Soi suprême).

« Quant à ce qui a été dit que des qualités contradictoires dans le Soi sont impossibles, cette objection n'est pas sérieuse, car il a été démontré que c'est une erreur que d'admettre des qualités contradictoires. D'autre part, quand l'on dit que dans ce cas il n'y aurait pas de Seigneur, cela aussi est erroné, comme l'établit l'autorité de l'Écriture, et d'ailleurs nous ne comprenons pas cela en ce sens. Car nous ne voulons pas dire que le Seigneur est le Soi temporel, mais ce que nous désirons démontrer c'est que le Soi temporel, si on le dépouille de son caractère temporel est le Soi du Seigneur. Les choses ainsi, il s'en suit que le Seigneur non-double est sans péché, et que la qualité opposée (l'état de péché) lui serait attribuée par erreur.

« En ce qui concerne l'argument, qu'il n'y aurait pas de personne qualifiée (pour étudier le Védanta) ou que le témoignage des sens est contre nous, cela aussi est erroné. Car avant que la lumière se fasse en nous, nous admettons entièrement le caractère temporel du Soi, et le témoignage des sens ne se réfère qu'à ce caractère seulement, tandis que le passage : « Si le Soi seul était tout cela, comment verrait-il quelque chose ? » montre qu'aussitôt que la lumière se fait, l'action des sens prend fin. L'objection que la cessation de la perception par les sens entraînerait la cessation de l'Écriture, est sans valeur ; bien plus, nous l'approuvons nous-mêmes, car, selon le passage qui commence par ces mot : « Alors le père n'est plus père » et finit par ceux-ci : « Alors les Védas ne sont plus Védas ». Nous aussi nous admettons qu'avec la lumière l'Écriture cesse. Et si vous demandez : « Qui n'est pas éclairé ? » Nous répondons : « Vous-même qui pouvez poser une telle question ». Et si vous ajoutez : « Mais l'Écriture même ne déclare pas que je suis le Seigneur ». Nous répliquons : « Oui, vous l'êtes, mais si vous êtes si éclairé, alors personne n'est privé de lumière ». La même réponse s'applique à l'objection soulevée par quelques personnes, qu'il ne peut pas y avoir de non-dualité du Soi, parce que par *Avidya* (*nescience*) le Soi a un second, c'est-à-dire avant que la lumière soit faite. La conclusion est que nous devons considérer notre Soi comme le Seigneur ».

Tout cela, nous ne devons pas l'oublier, n'est pas une apothéose de l'homme dans le sens grec du mot, mais, si je puis composer un tel mot, une *anathéose*, un retour de l'homme à la nature divine. Les mystiques allemands ont nettement distingué ces deux actes, en appelant le premier *Vergötterung*, le dernier *Vergottung* ; et, tandis qu'ils

considéraient le premier comme blasphéma-
toire, ils regardaient le dernier comme
n'étant qu'une autre expression de la filiation divine, le but suprême de la religion du
Christ.

# TROISIÈME CONFÉRENCE

## RESSEMBLANCES ET DIFFÉRENCES
### ENTRE LA
# PHILOSOPHIE INDIENNE ET L'EUROPÉENNE

### Etrangeté de la philosophie orientale

L'exposé que je puis vous faire de l'antique philosophie védanta dans le court
espace de deux ou trois conférences, est
naturellement très imparfait, et borné uniquement à ses traits les plus saillants. Il eût
été également difficile de donner en des
limites si étroites une idée générale de tout
autre système complet de philosophie, soit
de Platon soit de Kant, bien qu'en ce qui
concerne ceux-ci nous nous trouvions sur un
terrain plus ou moins familier, bien plus,
nous soyons habitués, même sans aucune
étude spéciale, tout au moins à une partie

de leur terminologie. Notre éducation in-
consciente nous a appris la différence entre
*esprit* et *matière*, entre *genre* et *espèce*, même
nous parlons souvent de différences *spécifi-
ques* sans nous rendre compte que *spécifique*
est simplement ce qui fait une espèce, une
traduction latine du grec εἰδοποιός, c'est-à-dire
un signe caractéristique qui fait une nouvelle
εἶδος en espèce et constitue ainsi la différence
entre une espèce et une autre. Nous parlons
*d'idées* innées ou acquises, de *catégories,*
même de *raison pure* longtemps avant de
savoir ce que ces mots signifient réellement.
Mais un système de philosophie indienne est
comme une étrange ville d'Orient dont nous
ne connaissons ni les rues ni les noms de
rues, et où nous sommes constamment en
danger de nous égarer, même avec un guide
et un plan en mains. Les fondements même
de la pensée sont différents en Orient et en
Occident. Il ne serait pas facile de trouver
en sanscrit des termes correspondants pour
exprimer la différence exacte entre la nature
et l'esprit, au point de vue védantique. Les

termes les plus approchants seraient probablement *objet* et *sujet* que l'on exprimerait
par les mots *vishaya* objet et *vishayin*, celui
qui perçoit un objet, c'est-à-dire le sujet. Si
nous avions à traduire le mot *idée*, nous
emploirions sans doute un mot comme *sam-
gora* qui signifie *nom*, la forme extérieure
d'une idée. *Catégorie* est rendu généralement
et correctement en sanscrit par *padârtha*,
qui signifie en réalité l'objet ou le sens d'un
mot, et pouvait donc être employé pour
exprimer les prédicats généraux, c'est-à-dire
les catégories, telles que substance, qualité,
etc. ; mais le sanscrit est une langue si philosophique qu'il emploie aussi *padârtha* dans
le sens ordinaire de chose, comme si ceux
qui ont composé cette langue avaient su que
pour nous une chose n'est qu'une pensée,
le sens, l'intention ou l'objet d'un mot.
Même des termes aussi usuels que religion
ou philosophie ne sont pas faciles à rendre
en sanscrit, parce que l'esprit indien ne les
considère pas comme ayant le même rapport
réciproque qu'ils nous paraissent avoir.

En un sens, il est donc vrai de dire que pour comprendre la philosophie indienne nous devons apprendre la langue indienne.

## Intérêt général de la philosophie indienne

Toutefois, en vous invitant à écouter ces brèves conférences sur l'ancienne philosophie védanta, mon unique but était de vous convaincre que cette antique cité de pensée philosophique, le Védanta, était digne d'une visite, bien plus, si vous en avez le temps, digne d'une minutieuse exploration, telle qu'un voyageur intelligent peut en faire une dans un voyage à travers les temples et les tombeaux magnifiques de la pensée antique. C'est quelque chose d'avoir vu Karnak, même si nous sommes incapables de lire tous les hiéroglyphes qui couvrent ses murs. C'est quelque chose d'avoir vu les profondes fondations et la sublime structure de la philosophie védanta, quoique l'on n'ait pas eu le temps d'explorer tous ses passages et de monter dans ses hautes tours.

Quand après la chute de Constantinople
l'Europe occidentale reprit connaissance des
textes originaux de la philosophie grecque,
la vie sembla avoir une floraison plus riche
en Occident, grâce aux antiques trésors de
pensée qui avaient été découverts en Orient.
La découverte de la littérature, et plus particulièrement de la religion et de la philosophie indiennes, a été de même le recouvre-
ment d'un monde ancien et la découverte
d'un monde nouveau ; et même si nous ne
pouvons jeter qu'un regard passager sur les
trésors d'antique pensée dont est remplie la
littérature sanscrite, nous sentons que le
monde auquel nous appartenons est devenu
plus riche, bien plus, nous nous sentons fiers
de l'héritage inattendu auquel nous devons
tous participer.

Gardons-nous seulement de ce dédain
fatal qui se détourne de tout ce qui paraît
étrange et méprise tout ce qu'il ne peut
comprendre aussitôt. Nous pouvons sourire
de bien des choses que les penseurs de la
Grèce et de l'Inde ancienne nous ont laissées,

mais nous ne devons pas nous en moquer.
Je n'admire pas indistinctement tout ce qui
vient de l'Orient; j'ai à maintes reprises
exprimé mon regret que ses livres sacrés
contiennent tant de choses qui doivent nous
sembler des vieilleries, mais cela ne doit pas
nous empêcher d'apprécier en elles ce qui
réellement.a de la valeur.

## Traitement critique de la littérature orientale

Je sais que j'ai été souvent blâmé d'avoir
appelé vieilleries ce qui paraissait à l'esprit
indien contenir une sagesse profonde et
mériter un suprême respect. Je suis d'avis,
que nous devrions toujours parler avec
ménagement et respect de ce qui touche à la
religion, et je suis tout prêt à admettre que
sur les questions religieuses il est souvent
très difficile de nous placer exactement dans
la position que l'esprit oriental occupe depuis
des siècles. Nous savons tous, par notre propre
expérience que ce que l'on nous a transmis

comme une très ancienne tradition, et ce
que nous avons appris enfants, à considérer
comme sacré, conserve durant toute notre
vie une fascination dont il est difficile de
s'affranchir complètement. Toute tentative
pour découvrir de la raison en ce qui est
déraisonnable est acceptée comme légitime,
tant qu'elle nous permet de conserver ce
dont nous ne voulons pas nous séparer. On
ne peut donc pas nier que les livres sacrés
de l'Orient soient pleins de vieilleries, et que
le même courant qui roule des fragments
d'or pur, roule aussi du sable et de la boue
et beaucoup de choses mortes et nuisibles.
Que bien des idées qui se trouvent dans
les hymnes du Véda, dans les Brahmanas et
les Oupanishads aussi, aient choqué même
un esprit oriental, comme un amas de vieilleries accumulées l'on ne sait comment, dans
le cours des siècles, l'histoire de Bouddha
nous l'apprend. Son hostilité à l'encontre
des Brahmanes a été très exagérée, et nous
savons aujourd'hui que la plupart de ses
doctrines sont en réalité celles des Oupanis-

hads. Mais tout en prenant et gardant l'or de l'ancienne littérature de l'Inde, il rejetait les scories. Les paroles de Bouddha sur ce sujet méritent d'être citées, non-seulement parce qu'elles nous montrent que bien des choses appelées vénérables et révélées par les Brahmanes paraissaient inutiles et absurdes à un esprit oriental, mais en même temps parce qu'elles font preuve d'une liberté de jugement que nous-mêmes conservons souvent difficilement. Dans le Kalama Soutra, Bouddha dit : « Ne croyez pas ce que vous avez entendu ; ne croyez pas aux traditions parce qu'elles ont été transmises durant maintes générations ; ne croyez pas une chose parce qu'elle est dite et répétée par beaucoup de monde ; ne croyez pas uniquement parce que l'on vous produit un écrit émanant d'un ancien sage ; ne croyez pas aux conjectures ; ne croyez pas comme la vérité ce à quoi vous êtes attachés par habitude ; ne croyez pas uniquement sur l'autorité de vos maîtres et de vos aînés ; — après observation et analyse, quand un principe s'accorde avec la raison et tend au bien et à l'avantage d'un et de tous, alors acceptez-le et faites-en la règle de votre vie ». (*Angouttara Nikaya, cités dans les comptes-rendus du Parlement des religions, vol. II, p. 869*). Il fallait du courage pour dire cela dans l'Inde, il en faut pour le dire à toute époque, mais cela montre en tous cas que même un esprit oriental ne pouvait se plier à tout ce qui lui avait été transmis comme ancien et sacré. Voilà un exemple que nous devrions suivre, pour essayer toujours de séparer le froment de la bale, de prouver tout et de maintenir fermement ce qui est bon. Maintenant je répète qu'il y a beaucoup de froment dans le Véda, particulièrement dans les Oupanishads, mais il y a aussi beaucoup de bale, et en réponse à mes critiques je puis répondre que personne ne peut vraiment apprécier le froment, qui ne peut aussi rejeter la bale.

### La syllabe sacrée Om

Bien des choses, par exemple, qui sont dites dans les Oupanishads concernant la syllabe sacrée *om,* ne me paraissent que des lieux communs, du moins dans leur forme actuelle. Je ne puis me décider à en donner des spécimens, mais vous n'avez qu'à lire le début du Khandogya Oupanishad, et vous verrez ce que je veux dire. Il est très possible qu'à l'origine il y ait eu quelque sens dans toutes les absurdités que nous trouvons dans les Oupanishads, au sujet de la syllabe sacrée *om.* Ce mot *om* est peut-être une contraction du mot *avam* qui est peut-être racine pronominale préhistorique, se rapportant aux objets éloignés, tandis que *ayam* concernait les objets proches. En ce cas *avam* peut être devenu la particule affirmative, exactement comme le mot français *oui* est venu de *hoc illud.* Ainsi nous lisons dans le *Khandogya Oupanishad*, I 1, 8 : « Cette syllabe est une syllabe de permission, car lorsque nous permettons quelque chose, nous disons *om,* oui. » Si donc *om* signifiait à l'origine : cela et oui, nous pouvons comprendre que comme *Amen* il ait pris un sens plus général, à peu près comme *tat sat* et qu'il ait pu être employé comme représentant tout ce que le langage humain peut exprimer. Ainsi dans le *Maitrayana Oupanishad*, VI, 23, après qu'il a été dit qu'il y avait autrefois un Brahman sans mots, et un second, un Brahman-Verbe, l'on nous dit que le verbe est la syllabe *om*. Cela paraît absurde, à moins que nous n'admettions que ce *om* était considéré d'abord comme un symbole de toute parole, de même qu'un prédicateur pourrait dire que tout langage se résume en ces mots : Amen, Amen [1].

### Tout ce qui était vieux devint sacré

Il est en effet très difficile de rendre compte de cet étrange mixture de sagesse et de folie, même dans le Véda, et plus particulièrement dans les Brahmanes, à moins

1. Le grand Védantiste moderne Sivami Vivckananda nous donne à ce sujet l'explication suivante : Le mot *om* ou *aum* est composé de la gutturale la plus ouverte *A* et de la laliale la plus fermée *m*, réunies par l'*u*, qui se prononce en poussant le son de la gorge aux lèvres ; c'est donc le son le plus large, le plus compréhensif, c'est pourquoi il est considéré comme le symbole de tous les sons, le son *Brahman*, le Verbe (note du trad.)

de supposer qu'à l'époque où ces anciennes compositions, furent rédigées, tout ce qui avait été transmis comme antique fut considéré comme sacré et digne d'être conservé. Il faut nous rappeler quelles choses hideuses et délabrées nos amis les antiquaires sont capables d'admirer uniquement parce qu'elles sont très vieilles. Et il ne faut pas oublier non plus qu'une tradition orale longtemps continuée par laquelle le Véda avait été transmis de génération en génération avant d'être écrit, peut aussi rendre compte de l'intrusion d'une grande quantité de pensées surajoutées. Nous voyons le même mélange dans les poèmes homériques (car Homère lui-même est parfois assoupi) et aussi dans la poésie populaire d'autres nations, Scandinaves, Allemands, Finnois ou Lapons. Mais en admettant tout cela, n'est-ce pas le devoir de l'historien de faire comme les laveurs d'or, et de ne pas prêter attention à l'eau bourbeuse, à l'argile et au sable, pourvu que quelques grains d'or pur puissent être récoltés à la fin.

Je n'espérais pas que quelques-uns de mes
auditeurs se joindraient aux laveurs d'or,
entreprendraient l'étude du sanscrit afin
d'être à même de lire les Oupanishads et
les Védanta-Soutras dans l'original. Je désirais seulement leur faire regarder un peu
de sable d'or et quelques-unes des grosses
pépites, afin qu'à l'avenir la carte de l'Inde
de l'Himalaya au cap Comorin soit dans
leur esprit non de couleur grise et noire,
mais brillante et dorée.

Le sanscrit n'est pas la langue difficile
que généralement on suppose être. Je connais plusieurs dames qui l'ont appris fort
bien ; je connais au moins un professeur de
philosophie[1] qui a considéré comme de son
devoir d'apprendre le sanscrit afin d'étudier
les différents systèmes de la philosophie
indienne.

### Livres pour étudier le Védanta

Les Oupanishads et les Védanta-Soutras
sont certainement au nombre des œuvres

1. M. Deussen. Voir p. 114.

les plus difficiles à traduire du sanscrit en
une langue moderne, comme l'anglais ou
l'allemand. L'on se rend compte constamment de ce qui nous fait défaut pour saisir
et rendre exactement les nuances délicates
du sens, soit qu'il s'agisse des voyants inspirés des Oupanishads ou des raisonneurs
subtils de l'école Védanta. A chaque instant,
bien que l'on perçoive clairement l'objet de
l'original, l'on trouve presque impossible
d'en donner un équivalent exact et fidèle.
Cependant, j'ai tenté une traduction anglaise
de tous les Oupanishads importants et je l'ai
publiée dans le 1ᵉʳ et le 15ᵉ volume de ma
collection des livres sacrés de l'Orient. Dans
les cas où quelques-uns de ces Oupanishads
avaient été traduits auparavant, j'ai du souvent différer de mes prédécesseurs et certes
il ne manque pas de critiques qui ont différé
de moi. Dans plusieurs cas, leurs critiques
ont été utiles, dans d'autres elles m'ont
semblé si ignorantes et antiscientifiques,
qu'elles ne m'ont pas paru mériter une observation, encore moins une réfutation. Au

surplus, je ne doute pas que les traducteurs futurs trouveront beaucoup à faire, particulièrement s'ils se permettent de recourir à des amendements du texte. Dans un premier essai, j'ai jugé bon d'éviter autant que possible toute altération conjecturale du texte sanscrit, surtout quand il est corroboré par le commentaire de Sankara qui ne remonte pas à plus de 800 ans ap. J.-C. ; car nous ne possédons pas de manuscrit des Oupanishads de cette époque. J'ai jugé bon aussi de prendre autant que possible Sankara pour guide, et de ne pas m'écarter de lui, excepté quand son interprétation est évidemment erronée et artificielle et qu'une autre meilleure peut être appuyée d'arguments sérieux. Ces principes que j'ai suivis dans ma traduction peuvent ne pas être admis par tous les érudits, mais je suis heureux de constater que les traducteurs du commentaire de Sankara sur les Védanta-Soutras et d'autres savants vraiment compétents les ont approuvés, et ont trouvé ma traduction digne de confiance et utile.

Il y a aussi une excellente traduction des Védanta-Soutras avec le commentaire de Sankara dans les 34ᵉ et 38ᵉ volumes de la même collection, dûe au professeur Thibaut qui habite les centres mêmes de l'enseignement védanta, Bénarès et Allahabad. Il y a une traduction allemande du même ouvrage par M. Deussen, professeur de philosophie à l'université de Kiel, qui n'a pas reculé devant le labeur d'apprendre le sanscrit à seule fin d'étudier la philosophie védanta, dont Schopenhauer, vous vous le rappelez, a parlé en termes si chaleureux. Cette traduction faite par un philosophe distingué, fait voir en tous cas qu'un homme profondément versé dans la connaissance de Platon, d'Aristote, de Spinoza et de Kant n'a pas considéré que ce fut perdre son temps que de consacrer quelques-unes des meilleures années de sa vie au védanta, bien plus, de faire un voyage dans l'Inde pour entrer personnellement en contact avec les représentants encore vivants de cette philosophie. Cela servira peut-être à convaincre ceux qui doutent toujours que

quelque chose de bon puisse venir de l'Inde,
que même notre philosophie peut avoir
quelque chose à apprendre de l'antique philosophie indienne. Toutefois, il ne serait pas
honnête de ma part de ne pas vous dire que
tandis que des philosophes allemands de la
valeur de Schopenhauer, de Deussen, et
d'autres, attendent de cette étude, une
renaissance en philosophie presque aussi
considérable, que celle produite dans la phi-
lologie, la théologie et la mythologie par
l'étude du sanscrit, de la religion et de la
mythologie de l'Inde, il n'a pas manqué de
contradicteurs qui considèrent la philosophie
védanta comme un pur radotage, complètement indigne de l'attention de philosophes
sérieux. Vous entendrez les deux parties et
jugerez par vous-mêmes. Seulement, n'ou-
bliez pas qu'il n'y a pas de philosophie qui
n'ait été appelée « un pur radotage » par quelqu'un plus sage que les plus sages. Aux yeux
de quelques personnes, toute la philosophie
n'est que radotage, où même folie, tandis
que d'autres l'appellent une « folie divine ».

Il y a quelques autres livres de mérite, tels que la traduction du *Védanta-sara*, qui est plus moderne, par M. le colonel Jacob, et quelques textes encore traduits par le professeur Venis dans le « *Pandit* ». Les essais de Colebrooke sur la philosophie hindoue, quoiqu'écrits il y a longtemps sont encore très instructifs [1], et les essais du professeur Gough sur les Oupanishads sont dignes d'une sérieuse considération, quoique nous n'admettions pas l'esprit dans lequel il a été écrit. La même remarque s'applique à une œuvre intitulée : *Une réfutation rationnelle des systèmes de philosophie hindoue* » par mon vieil ami Nilakantha Sastri Gore (un converti au christianisme et missionnaire à Pouna), traduit de l'hindi en anglais, par le Dr Fritz-Edvard Hall, Calcutta, 1862, œuvre érudite et honnête, mais écrite dans un esprit de controverse avéré.

1. Cet ouvrage a été traduit en français par M. Pauthier. (Paris, Firmin-Didot, 1834). (Note du trad.).

## Coïncidences. La substance de Spinoza

Si étrange que nous paraisse à première vue cette philosophie védanta, vous n'avez pu manquer de découvrir quelques ressemblances frappantes qu'elle présente avec les grands systèmes de la philosophie européenne. Ainsi, Brahman, tel qu'il est conçu par les Oupanishads et défini par Sankara, est évidemment identique à la *Substance* de Spinoza. Ce dernier la définit comme ce qui est en soi et est conçu par soi (*in se est et per se concipitur*). Elle est, selon lui, infinie, indivisible, une, libre et éternelle, exactement comme le Brahman des Sankara est appelé dans les Oupanishads « incréé, incorruptible, immortel, sans parties, sans action, tranquille, sans faute ni souillure ». Mais tandis que chez Spinoza, cette *Substance* prend simplement la place de Dieu [1], Sankara, quand on lui demande si Brahman est

1. Per Deum intelligo eus absolute infinitum, hoc est, substantiam constantem infinitis attributis, quorum unum quodque æternam essentiam exprimit.

Dieu répond à la fois oui et non. Sans doute il le définit « la cause omnisciente et omnipotente de l'origine, de la permanence et de la disparition du monde » mais comme il distingue le monde phénoménal du monde réel, il distingue également le Dieu phénoménal et réel. Cette distinction est très importante. Il y a, dit-il, un Brahman inférieur et un supérieur ; le premier est orné des attributs les plus sublimes que le langage humain puisse accorder, mais le second est au-dessus de toute louange et de tous attributs ; même les plus glorieux que les autres religions ont reconnu à la Divinité sont indignes de Brahman. Suivant Sankara, Dieu, tel qu'il est conçu par la foule, comme un personnage historique, qui, il y a quelques centaines ou quelques milliers d'années, créa le monde et demeura son maître, n'est que phénoménal, c'est-à-dire, il *est*, le Brahman réel, mais caché derrière le voile de l'humaine *Nescience, Avidya*. Cela peut sembler à première vue, une idée bien basse de Dieu, mais, si on la comprend bien, c'est en réalité l'opinion la plus haute et la plus vraie que l'on puisse avoir. Car phénoménal ne signifie pas ce qui est absolument faux et irréel, le Dieu phénoménal est le Dieu le plus réel, mais tel qu'il est conçu par l'entendement humain, qui ne peut jamais se former une idée adéquate de la Divinité, parcequ'elle est inconcevable et ineffable. Toutefois, pour tous les buts pratiques, pour la religion et la morale, cette Divinité phénoménale est tout ce qu'il faut. Ce n'est que pour les philosophes, pour les védantistes, qu'une réalité plus haute est nécessaire, tant pour le Brahman subjectif que pour le monde objectif. La réalité phénoménale du monde objectif dure aussi longtemps que les conditions du sujet et de l'objet de l'expérience demeurent ce qu'elles sont. Pour ceux qui ne peuvent pas voir une réalité plus haute derrière le monde phénoménal, celui-ci possède certainement la réalité la plus absolue, tandis qu'à leurs yeux le monde réel que le philosophe affirme exister derrière le voile des sens est complètement irréel, une pure imagination. Le védantiste est très satisfait qu'il en soit ainsi, il n'a pas de paroles sévères pour ceux qui croient en un monde phénoménal et un Dieu phénoménal. Il sait que le temps viendra où leurs yeux s'ouvriront, et jusque là, bien qu'ils adorent Dieu en ignorants, du moins ils adorent Dieu, le *vrai* Dieu ou Brahman.

### La signification du mot réel

Peu de mots ont autant de signification que *réel*, peu de mots ont subi des changements de sens aussi radicaux. Cependant pour tout honnête penseur il y a et il ne peut y avoir qu'une réalité. Et nous ne pouvons rien appeler irréel à moins de connaître quelque chose qui soit réel, et *vice versâ*. Ainsi pour la grande majorité de l'humanité, ce que nous appelons le monde phénoménal est absolument réel, elle ne connaît rien de plus réel ; ce que le Védantiste appelle le Dieu phénoménal, le Seigneur d'Isvara, est pour elle le seul réel et vrai

Dieu[1]. Mais un moment arrive où l'on perçoit que le monde phénoménal n'est que phénoménal, que la Divinité phénoménale n'est que phénoménale, et que derrière ces apparences il doit y avoir quelque chose de réel qui apparaît. C'est ce que le Védanta appelle le vrai Brăhman, le Moi suprême, le Dieu réellement réel. Ce Brăhman, comme le dit Sankara, bien qu'adoré sans le connaître, n'est pas affecté par nos conceptions inadéquates. Il n'est pas souillé par notre ignorance, pas plus que le soleil par les nuages qui passent sur lui. Bien plus nous pouvons apprendre à un moment donné, que de même que l'œil humain ne peut voir le soleil que quand il est couvert de ses nuages qui

1. La même idée est exprimée en un langage quelque peu abstrus par un philosophe moderne, en ces termes : « La réalité sous les formes de notre conscience est et ne peut être que l'effet conditionné d'une réalité absolue ; mais cet effet conditionné est en relation indissoluble avec sa cause inconditionnée, et étant également persistante avec elle, aussi longtemps que les conditions persistent, est pour la conscience qui fournit ces conditions, également réel ». (Théosophie, p. 322. Voir aussi Deussen, *Système du Védanta*, p. 59, note).

passent, de même l'esprit humain ne peut probablement concevoir Dieu que derrière le voile du langage et de la pensée humaine. Le Brahmăn phénoménal n'est donc que le Brahman réel, mais voilé pendant un temps, par la *Nescience Avidya.*

### Nature d'Avidya et de Mâya

Cette Avidya toutefois, ne signifie pas notre ignorance individuelle, mais une ignorance inhérente à la nature humaine, bien plus quelque chose de semblable à une force cosmique, comme l'obscurité inséparable de la lumière, qui fait que le monde phénoménal paraît et est pour nous ce qu'il semble et ce qu'il est. Par suite cette *nescience* ou *avidya* fut appelée « *Mâya* » originellement puissance (et aussi *Sakti*) cause productrice du monde entier. Cette *Mâya* prit bientôt le sens d'Illusion, Déception, Fraude, bien plus elle prit une sorte de personnalité mythologique. Mais l'ensemble de ce développement de pensées

védantiques est certainement tard venu,
quoique l'on ait pu écrire à l'encontre,
Colebrooke, je crois, avait parfaitement
raison quand il disait « que la notion que le
monde changeant n'est qu'une illusion
(Mâya) et que tout ce qui tombe sous les
sens de l'individu éveillé n'est qu'un mirage
présenté à son imagination, bien plus. que
tout ce qui nous apparaît est irréel et
visionnaire, ne semble pas être la doctrine
du texte du Védanta ».

### Colebrooke au sujet de Màya

Ceux qui soutenaient hardiment que
Colebrooke avait tort « d'un bout à l'autre »
paraissent n'avoir guère compris ce qu'il a
voulu dire. Considérons d'abord les faits.
Le mot Mâya lui-même ne se rencontre
jamais dans les principaux Oupanishads
dans le même sens que Avidya. Il commence
à se montrer dans le Svetasvara Oupanishad
qui occupe une place particulière. Cela est
un fait important et comme nous possédons

maintenant la *Concordance* du Colonel
Jacob, nous pouvons l'affirmer en toute
confiance. Quand Maya se trouve au pluriel,
dans le *Brihad Ar. Oupanishad*, II, 5, 19,
c'est en réalité une citation du *Rig. Véda*,
VI, 47, 18 et nous y voyons comment Maya,
dans le sens de Sakti, puissance, finit par
s'introduire dans le langage du Védanta.
Dans les mots composés aussi, Măya signifie
généralement puissance créatrice, à peu
près comme *Sakti*, quoique dans quelques-
uns des Oupanishads postérieurs il ait pris
la place d'Avidya. Le Védanta nous avertit
à maintes reprises qu'il faut distinguer deux
espèces d'illusions. Quand nous croyons voir
un serpent au lieu d'une corde, il y a quelque
chose de réel derrière l'illusion, mais quand
un homme dans un accès de fièvre s'imagine
qu'il voit le diable, il n'y a rien de réel, pas
de diable réel, de diable *en soi*, derrière sa
vision. Cette idée, que le monde n'est que
Măya, une illusion, une vision, le néant,
était ce que Colebrooke entendait quand il
disait que cela ne se trouvait pas dans les

Oupanishads et le Védanta original, et il avait raison. L'idée que le monde n'est que Măya ou illusion est une opinion que Sankara mentionne comme celle des Bouddhistes ou des Sounyavadins, c'est-à-dire de ceux qui disent que tout est vide.

Il est vrai que quelques védantistes aussi, qui sont pour ce motif appelés Crypto-bouddhistes, ont négligé de distinguer entre ce qui est absolument et ce qui est relativement réel. Mais les vrais védantistes ont toujours soutenu que derrière le réel relatif, il y a un réel absolu, que derrière le monde phénoménal, il y a la pleine réalité de Brahman, et qu'en croyant en un Créateur du monde, une divinité individuelle, non entièrement dépouillée de qualités humaines, et en l'adorant ignoramment, ils croyaient au vrai Dieu, l'éternel Brahman, source inconcevable et ineffable de toutes choses, et l'adoraient.

### Sir W. Jones, au sujet du Védanta

Sir William Jones aussi, comprit comme Collebrooke, le vrai caractère de l'antique Védanta quand il écrivit : « Le principe fondamental de l'école Védanta consistait non pas à nier l'existence de la matière, c'est-à-dire la solidité, l'impénétrabilité, la forme et l'étendue (ce qui serait de la folie), mais à corriger la notion populaire de la matière, et à soutenir qu'elle n'a pas d'essence indépendante de la perception mentale, qu'existence et perceptibilité sont des termes convertibles, que les apparences extérieures et les sensations sont illusoires, et s'évanouiraient dans le néant, si la divine énergie, qui seule les soutient, était suspendue durant un moment : opinion qu'Epicharme et Platon paraissent avoir adoptée et qui a été soutenue en ce siècle avec grande distinction, mais sans beaucoup de succès, en partie parce qu'elle a été mal comprise, et en partie parcequ'elle a été mal appli-

quée par les raisonnements de quelques
écrivains impopulaires, qui ont, dit-on,
méconnu les attributs moraux de Dieu, dont
l'omniprésence, la sagesse et la bonté sont
les bases de la philosophie indienne ».
(*OEuvres*, I, pp. 20, 125, 127).

Ce fait, cette perception d'une vérité relative contenue dans notre expérience phénoménale, explique, je crois, pourquoi nous
trouvons dans la philosophie védanta le
même esprit de tolérance que dans la religion indienne en général. Comme l'Esprit-
Suprême le dit dans le Bhagavad-Sita :
« Même ceux qui adorent des idoles m'adorent », Brahman pourrait dire dans la philosophie védanta : « Même ceux qui adorent
un Dieu personnel sous l'image d'un ouvrier
actif, ou d'un Roi des rois m'adorent ou, en
tous cas, pensent à moi. »

Cela est une distinction importante tant
au point de vue philosophique qu'au point
de vue religieux.

## Les deux Brahmans n'en font qu'un

Il est facile de comprendre que lorsque le même mot Brahman fut employé en deux sens si différents, que le Brahman supérieur et le Brahman inférieur, l'être inconditionné et l'être conditionné, il y avait grand danger de méprises fréquentes ; c'est pourquoi Sankara consacre une grande partie de son œuvre à montrer en de nombreux passages des Oupanishads quelle était celle de ces deux idées qui était présente dans chaque cas à la pensée de leurs auteurs. A la fin il se demande (IV, 3, 14) : « Quoi donc, y a-t-il deux Brahmans, un supérieur et un inférieur ? » Et il répond : « En effet, il y en a deux. » De même nous lisons dans un Oupanishad (*Prasna*, V, 2) : « La syllabe *Om* est le Brahman supérieur et l'autre aussi. « Qu'est donc le Brahman supérieur, et qu'est l'autre Brahman ? » Il répond : « Quand Brahman n'est défini dans les Oupanishads que par des termes négatifs, en excluant

toutes les différences de nom et de forme
dues à la *Nescience,* il s'agit du supérieur.
Mais quand il est défini en des termes tels
que (*Khand,* III, 14, 2) « l'intelligence dont
le corps est esprit et lumière, qui se distingue par un nom et une forme spéciaux, uniquement en vue du culte, il s'agit de l'autre,
du Brahman inférieur. »

Mais s'il en est ainsi, le texte qui dit que
Brahman n'a pas de second (*khand,* VI, 2, I)
parait être contredit : « Non, répond-il,
parceque tout cela n'est que l'illusion du
nom et de la forme causée par la *nescience.* »
En réalité les deux Brahmans ne sont qu'un
seul et même Brahman, l'un concevable,
l'autre inconcevable, l'un phénoménal, l'autre absolument réel. »

Rien n'est plus clair que la distinction
établie, ici, par Sankara. Mais chez les poètes
des Oupanishads, la ligne de démarcation,
entre le Brahman supérieur et l'autre, n'est
pas toujours aussi nettement tracée, et
Sankara est souvent obligé d'expliquer et
parfois de détourner le sens naturel des

Oupanishads. Ainsi, quand il interprète les nombreux passages des Oupanishads qui décrivent le retour de l'âme humaine à Brahman, après la mort, Sankara prend toujours Brahman comme le Brahman inférieur ou conditionné. « Car une âme humaine, dit-il, qui a trouvé la connaissance du Brahman suprême, ne peut pas mourir, ne peut pas aller vers Brahman. » Cette âme, comme le dit fortement Sankara, « devient Brahman en étant Brahman », c'est-à-dire, en le connaissant, en sachant ce qu'il est et a toujours été. Ecartez la Nescience et la lumière éclate, et dans cette lumière, le moi humain et le moi divin brillent en leur éternelle unité. De ce point de vue de la plus haute réalité, il n'y a pas de différence entre le Brahman suprême et le moi individuel ou *Atman* (*Véd. Soutras*, I, 4, p. 339). Le corps, avec toutes les conditions ou oupadhis auxquelles il est subordonné, peut continuer pendant un certain temps, même après que la lumière de la connaissance est apparue, mais la mort viendra et apportera la liberté immédiate et la béatitude absolue ; tandis que ceux qui, grâce à leurs bonnes œuvres, sont admis au paradis céleste, doivent attendre, là, jusqu'à ce qu'ils obtiennent l'illumination suprême, et sont alors seulement rendus à leur vraie nature, leur vraie liberté, c'est-à-dire leur véritable unité avec Brahman.

## Les germes du Védanta dans les Oupanishads

Quand nous considérons combien abstruses sont beaucoup de ces idées métaphysiques qui forment la substance de la philosophie védanta, il est très intéressant de voir comment Sankara réussit à les découvrir toutes, ou du moins leurs germes, dans les Oupanishads. Il est vrai qu'il nous rappelle parfois la façon dont les textes de la Bible étaient interprétés, ou, comme l'on disait, « perfectionnés » dans les sermons académiques. Et, cependant, nous ne pouvons nier que les germes de beaucoup des pensées les plus profondes des métaphysiciens védantistes ne

se trouvent réellement dans les Oupanishads.
Sans doute, il n'y a pas encore de terminologie stricte et consistante dans ces anciens
textes, et leur méthode est plutôt affirmative
que démonstrative. La conception de Brahman qui prévaut, par exemple, est certainement mythologique dans les Oupanishads.
Il n'est pas seulement le germe de la lumière
dorée *(Hiranyagarbha)*, on le voit dans le
soleil avec une barbe d'or, des cheveux d'or,
tout en or jusqu'au bout des ongles, et ses
yeux sont bleus comme des fleurs de lotus
(Khand. I, 6). Mais aux yeux de Sankara,
cela n'est que le côté phénoménal du vrai
Brahman, et les mêmes Oupanishads disent
de lui ! « En vérité, ami, cet Etre impérissable n'est ni grossier ni fin [1], ni court ni long,
ni rouge (comme le feu) ni fluide (comme
l'eau) ; il est sans ombre, sans obscurité,
sans air, sans éther, sans liens, sans yeux,
sans oreilles, sans parole, sans esprit, sans
lumière, sans souffle, sans bouche, sans

---

1. Brih. Ar. Oup. III, 8, 8.

mesure, il n'a ni dedans ni dehors [1] ». Et
cette série de négations, ou plutôt d'abstrac-
tions, continue jusqu'à ce que tous les pétales
soient effeuillés, et qu'il ne reste plus que le
calice, le pollen, l'inconcevable Brahman,
le Soi du monde. « Il voit, mais n'est pas vu ;
il entend, mais on ne l'entend pas ; il perçoit,
mais n'est pas perçu ; bien plus, il n'y a dans
le monde que Brahman seul qui voie, en-
tende, perçoive, ou connaisse. »

S'il est dit dans les Oupanishads que
Brahman est la lumière dans le soleil, le
védantiste doit apprendre qu'il en est ainsi,
car que pourrait être cette lumière si ce n'est
Brahman qui est tout en tout. Quoique nous
ne devions pas dire que Brahman, en son
entier, est la lumière, la lumière tout entière
est Brahman. Le terme le plus approchant
que le langage métaphysique puisse appli-
quer à Brahman est de l'appeler Lumière,
lumière consciente, ce qui est un autre nom
de la connaissance. Et, ainsi, nous lisons

---

1. Deussen. *Système du Védanta*, p. 146 ; *Soutras* 1,
1, 5.

dans le Moundaka Oupanishad : « C'est la
lumière des lumières ; quand il brille, le
soleil ne brille pas, ni la lune ni les étoiles,
ni les éclairs, encore moins le feu. Quand
Brahman brille, tout brille avec lui : sa
lumière éclaire le monde. » La lumière
consciente représente, le mieux possible, la
connaissance de Brahman, et l'on sait que
Thomas d'Aquin appelait aussi Dieu le soleil
intelligent *(Sol intelligibilis)*. Car, bien que
tous les attributs purement humains soient
retirés à Brahman, la connaissance, quoique
ce soit une connaissance sans objets extérieurs, lui est laissée.

### La connaissance de Brahman

La connaissance est en effet le seul attribut humain que toutes les religions osent
assigner à l'Être suprême, bien que, ce faisant, elles oublient souvent quel instrument
imparfait est la connaissance humaine,
même à son plus haut degré de perfection,
et combien indigne de la *Divinité*. Il y a en

toute connaissance humaine un élément passif qui serait incompatible avec la Divinité! Le Védanta appelle Brahman omnicient, mais le *Sankhya*, un autre système de philosophie conteste cette qualification comme trop antropomorphique. Les philosophes Sankhya argumentent en ces termes : « Si vous attribuez l'omniscience, c'est-à-dire la connaissance nécessaire de toutes choses à Brahman, vous le rendez dépendant des objets, quant à l'acte de connaître ; il ne peut s'empêcher de savoir, de même que nous ne pouvons nous empêcher de voir, même si cela ne nous plaît pas ; et cela serait indigne de Brahman ». Cette objection est sans doute très subtile, mais le Védantiste l'attaque hardiment, en disant : « Le soleil aussi, quoique sa chaleur et sa lumière soient permanentes, est néanmoins désigné comme indépendant quand nous disons : il brille, il chauffe ». Mais le philosophe Sankhya ne se tient pas pour battu. « Le soleil, réplique-t-il, doit avoir des objets à éclairer et à chauffer, tandis qu'avant la création du monde, il ne

pouvait y avoir d'objets sur lesquels Brahman
put briller, qu'il put voir ou connaître ». Et
ici la réponse du Védantiste devient très importante : « D'abord, dit-il, le soleil brillerait
même s'il n'avait rien à éclairer. D'autre
part, Brahman étant avant la création du
monde et a eu toujours quelque chose à connaître et à penser ».

### Les noms et les formes comme objets de la connaissance de Brahman

Si nous demandons quels peuvent être les
objets de ses pensées éternelles, le Védantiste répond : « Les noms et les formes »
(*nama-roupe*). Vous voyez immédiatement
l'extraordinaire ressemblance de cette doctrine avec la théorie platonicienne des idées
et plus encore avec la théorie stoïcienne du
*Logos*, langage et pensée. Le caractère inséparable de la pensée et du langage avait été
clairement perçu par les philosophes stoïciens
et platoniciens d'Alexandrie, quand ils
appelaient les idées créatrices de la Divinité,

*logoi*, c'est-à-dire, à la fois pensées et paroles ; de même les anciens philosophes hindous quand ils appelaient les mêmes pensées *nama-roupe*, noms et formes. Ces noms et formes sont en effet les εἴδη ou idées de Platon, et les espèces des stoïciens [1]. Pensées par Brahman avant la création du monde, ces *noms - formes* étaient non - manifestes (*avyakrita*) ; dans le monde créé elles sont manifestes (*vyakrita*) et multiformes.

### La pensée et le langage inséparables

La théorie que la pensée et le langage sont inséparables que nous voyons naître indépendamment dans l'Inde, et en Grèce, et qui fut formée jusqu'à ses dernières conséquences par les pères de l'école chrétienne d'Alexandrie, a été enfin également reconnue par les philosophes modernes. Quand je l'ai avancée il y a quelques années dans mon livre « *La science de la pensée* » elle fut con-

1. Les bouddhistes les appellent *samgna-dharm··s*. Voir *Livres sacrés de l'Orient*, vol. XLIX, p. 117.

sidérée d'abord comme un pur paradoxe, comme quelque chose de neuf et d'inouï. La seule objection profitable opposée à ma théorie fut que comme dans notre monde phénoménal, c'est-à-dire dans l'espace et le temps, deux choses ne peuvent jamais être identiques, le langage et la pensée ne peuvent l'être non plus. Mais si tel était le sens d'identique, il s'en suivrait que le mot *identique* devrait être rayé du dictionnaire, parceque deux choses ne peuvent jamais être identiques. Mes meilleurs critiques étaient mieux avisés. Ils savaient que je voulais prouver seulement une fois de plus ce qui avait été prouvé depuis longtemps par les philosophes grecs et indiens, à savoir que le langage et la pensée ne font qu'un, et qu'en ce sens les pensées créatrices de l'Etre suprême étaient appelées les *logoi*, et, en les concevant comme unifiées, le *Logos* de Dieu. Ce fut le même Logos qui fut appelé par Philo et d'autres, longtemps avant saint Jean, υἱὸς μονογενής (Théosophie, p. 412), c'est-à-dire le fils unique de Dieu, dans le sens

de la première création idéale ou manifestation de la Divinité.

## Coïncidences entre le Nama-roupe
## et le logos grec

Je dois avouer que quand je rencontrai
pour la première fois cette théorie de l'Etre
suprême méditant sur les mots, et formant
le monde au moyen de mots, je soupçonnai
plus qu'une coïncidence, un influx de pensée
grecque dans l'Inde. Nous sommes familia-
risés avec cette doctrine par les stoïciens et
les néoplatoniciens et nous connaissons le
long développement historique qui l'a pré-
parée en Grèce. Nous sommes donc parfaitement certains que les Grecs ne peuvent
l'avoir emprunté à l'Inde, de même que
nous ne pouvons douter que l'Idée du *Logos*,
et le terme même υἱὸς μονογενής — traduit
inexactement par *unigenitus* et fils unique
— aient été inspirés aux Juifs comme Philo,
et aux premiers chrétiens, comme saint Jean,
par les écoles grecques d'Alexandrie. Mais

la simple considération des dates, des textes
dans lesquels les mêmes pensées, la théorie
d'un monde idéal, et de pensées ou paroles
divines réalisées dans le monde matériel,
sont exposées dans l'Inde, rend impossible
tout soupçon d'emprunt. Et, après tout, cette
théorie qu'au commencement était le verbe,
ou les mots, et que par lui ou par eux toutes
choses ont été créées, n'est pas si contre
nature qu'elle n'ait pu naître indépendamment en deux pays. Le mot est la manifestation de la pensée ; chaque mot, nous ne
devons pas l'oublier, exprime un concept,
non une perception. Arbre ne veut pas dire
tel ou tel arbre, c'est le concept général de
tous les arbres ; et si toute chose individuelle
est la réalisation d'un type idéal de pensée
ou de verbe, si chaque homme, par exemple,
est la réalisation de la pensée ou du verbe
divin d'homme ou d'humanité, il n'y a pas
lieu de nous troubler quand nous trouvons
dans l'Inde aussi bien qu'en Grèce la croyance
que Dieu créa le monde par le *Logos* ou par
le verbe, ou par les verbes, les *logoi*, les

idées de Platon, les espèces ou types de la
science moderne.

## La parole comme pouvoir créateur
## dans le Véda

Le seul fait surprenant est de trouver dans
la littérature Védique, sinon exactement les
mêmes idées, du moins des idées très semblables, découvertes depuis les temps les plus
reculés et acceptées sans aucun essai d'explication. Nous ne pouvons guère rendre compte
de ceci à moins d'étendre la période d'enfance
du peuple Védique, bien au-delà de la date
de ses premières compositions poétiques.
Ainsi nous trouvons dans le Rig-Véda un
hymne placé dans la bouche de Vâk, la parole
qui est inintelligible à moins d'admettre un
long développement antérieur de pensée,
pendant lequel la parole était devenue non-
seulement l'une des nombreuses divinités,
mais une sorte de puissance supérieure aux
Dieux mêmes, une sorte de Logos ou de
Sagesse primitive.

La Parole y dit d'elle-même : « Je me meux avec Roudra, le dieu de l'orage et du tonnerre, avec les Vasous, les Adityas, et les Visve Dévas, je soutiens Mitra et Varouna, les deux Asvius, Indra et Agni. »

Or que peut signifier cette assertion que la Parole soutient les plus grands des dieux Védiques, à moins qu'elle n'ait été conçue comme une puissance plus grande que les dieux ?

Elle ajoute plus loin :

3. « Je suis la Reine, celle qui recueille des trésors, je suis intelligente, la première de ceux à qui sont dûs des sacrifices ; les dieux m'ont faite multiple, placée en divers endroits, entrant en maintes choses.

6. « Je tends l'arc pour Roudra afin de tuer l'ennemi, celui qui hait Brahman, je suis la cause de la guerre entre les hommes, je m'étends sur le ciel et sur la terre.

8. « Je souffle comme le vent, je m'attache à toutes choses ; au-delà du ciel, au-delà de cette terre ; telle je suis par mon pouvoir. »

Il ne me semble pas que tout cela aurait pu

être dit si Vǎk ou la Parole avait été conçue simplement comme langage parlé, ou même comme prière, hymne d'adoration. Il est très vrai que dès une époque très reculée, un pouvoir miraculeux, soit bienfaisant, soit malfaisant, était attribué aux hymnes du Véda. Mais cela n'expliquerait pas pourquoi il est dit que *Vâk* ou la Parole s'étend sur le ciel et la terre, bien plus, qu'elle est plus grande que le ciel et la terre. Ces expressions me paraissent supposer dans un passé lointain la conception de la Parole ou du Verbe comme puissance créatrice, peut-être avec le caractère vague de la Sagesse juive (*Sophia*) plutôt que sous la forme plus définie du *Logos* grec.

## Ressemblance avec la sagesse de l'Ancien Testament

Quand nous en venons aux Brahmanes, nous y trouvons aussi de nombreux passages qui deviendraient bien plus intelligibles, si nous prenions Vâk ou la Parole dans le sens

de la Sagesse juive, qui dit (*Prov.*, VIII, 22).
« Le Seigneur m'a possédé dès le commencement de ses voies, avant ses œuvres antiques. »

23. « Je suis établie de toute éternité, depuis
le commencement, avant que la terre fût. »

25. « Avant l'existence des montagnes et
des collines, j'étais née, »

27. « Quand il prépara les cieux, j'étais
là ; quand il traça un cercle au-dessus de
l'abime. »

30. « Alors j'étais auprès de lui, comme
élevée avec lui, j'étais ses délices de tous les
jours, et je me réjouissais devant lui en tout
temps. »

Une manière de penser très analogue, se
présente à nous, par exemple, dans le *Pan-
kavisma Brahmana*, XX, 14, 2 où nous lisons :
« Pragapati, le Créateur, était tout celà. Il
avait la Parole (*vâk*) comme son bien, comme
son second, ou (suivant l'expression de la
Bible), comme élevée avec lui. Il pensa ;
envoyons au dehors cette parole, elle tra-
versera et pénétrera tout celà. Il l'envoya et

elle traversa et pénétra tout celà. » Dans
d'autres passages *vâk* est appellée la fille,
dans d'autres la femme du Créateur, Prăga-
pati, (comme elle est appelée ses délices de
tous les jours dans l'ancien Testament) et
elle est toujours le principal agent dans l'œuvre de création. Nous lisons que « tout fut fait
par *Vâk*, et de même tout ce qui fut fait était
*Vâk* » (*Sat. Br.* VIII, 1, 2, 9 ; XI, 1, 6, 18,
Cf. Weber. *Ind. stud.* X, p. 479). Saint Jean
dit de même : « Toutes les choses furent
créées par le Verbe, et rien de ce qui fut créé
ne fut créé sans le Verbe. »

## Brahman signifiait-il Verbe ?

Il deviendrait encore bien plus évident
que les anciens philosophes de l'Inde
croyaient que le monde a été créé par le
Verbe, ou qu'au commencement était le
Verbe, si nous pouvions prouver que
brahman avait à l'origine, longtemps avant
la composition des Védas, le sens de verbe.
Or, il y a des passages dans les Brahmanas où

il semble réellement que l'on devrait traduire brahman par verbe, et que l'ensemble du passage en deviendrait plus intelligible. Par exemple dans le *Satapatha Brahmana*, VI, 1, 9, nous lisons : « Pragapati, seigneur de toutes les créatures, eut ce désir : Puissé-je être plus qu'un, puissé-je être reproduit..... Il créa tout d'abord brahman. » Ici, je crois, brahman avait primitivement le sens de verbe, car immédiatement après, vâk, la Parole, prend la place de brahman, et c'est elle qui produit toutes choses. Je traduirais donc ; « Il créa tout d'abord le Verbe », d'où procédèrent toutes choses. A une époque plus rapprochée, ce Verbe fut identifié avec le Véda, bien plus avec les trois Samhitas, tels que nous les possédons, mais tel n'a guère pu être le sens original, quoique dans notre passage brahman soit expliqué par ces mots « la science triple » c'est-à-dire le triple Véda.

Ce sens original de brahman peut avoir été oublié par la suite, mais nous en pouvons trouver çà et là de faibles traces. Ainsi, Brihaspati, seigneur de la parole, est aussi

appelé Vâhaspati, ce qui montre que *brih* et
*vak* avaient la même signification. Bien plus,
Brihaspati et *Vâk* paraissent quelquefois ne
former qu'une seule divinité. (*Satapatha*. Br.
v. 3, 5). En outre dans le *Khand*. Oup. I, 3,
11, le mot Brihati, qui dérive de *brih* est
traduit par langage. Or cette racine *brih* est
celle dont dérive aussi brahman. Si *brih*
signifiait à l'origine sortir impétueusement
ou éclater, brahman voudrait dire primitivement, ce qui sort impétueusement, ce qui
est proféré, un mot, et on le rencontre souvent dans le Véda dans ce sens et dans celui
de prière. Toutefois, il peut en même temps
avoir signifié ce qui éclate dans le sens de
création ou créateur, particulièrement quand
la création était conçue non comme fabrica-
tion mais comme une expansion.

## Brahman dérivé de la même racine que verbum et word

Mais poussons nos recherches plus avant.
La racine *brih* existe aussi sous la forme

10.

*bridh* ou *vridh*, et signifie alors éclater au dehors dans le sens de croissance. Si donc nous tirons de *vridh* le substantif *vardha*, celui-ci se transformera régulièrement en latin en *verbum*. Le latin, en effet n'a pas de *dh* et le remplace par f ou b de telle sorte que au lieu du sanscrit *rudhira*, rouge, nous avons en latin *rufus* ou *ruber*, en anglais *red*. Et ceci nous amène encore un peu plus loin. Comme le *dh* sanscrit est représenté en anglais par *d*, ce *vardha*, en latin *verbum*, est reproduit régulièrement en anglais par *word*, de telle sorte que *brahman*, *verbum*, et *word* procèdent tous de la même racine *vrih* ou *vridh*, éclater au dehors, et comportent le même sens, c'est-à-dire mot. Nous ne devons pas conclure aussitôt qu'en conséquence Brahma, comme source de l'univers, fut tout d'abord conçu comme le Verbe créateur ou le Logos. Cela est trop parfait pour être vrai. Mais le fait que le même mot brahma signifiait le pouvoir créateur qui éclate au dehors, et aussi le mot qui éclate au dehors, peut avoir amené les premiers penseurs de

l'Inde à cette idée que la première expansion
du monde fut le mot ou la pensée proférée
dans et par Brahman.

## Nâma-roupe trait d'union entre Brahman et le monde

Il existe d'autres passages dans les Brahmanas qui montrent clairement que l'idée
d'une communication par les mots entre le
Créateur et le monde créé, était familière
aux Brahmanes à une époque très reculée,
quoique plus tard on l'ait mal comprise et
oubliée. Ainsi, comme le professeur Deussen
l'a fait observer, nous lisons dans le *Satapatha Brahmana*, XI. 2, 3 : « Brahman était
tout cela au commencement. Il envoya au
dehors (créa) les dieux, et les ayant envoyés,
il les établit sur ces mondes, *Agni* (le feu) sur
la terre, *Vayou* (le vent) sur l'air, et *Sourya*
(le soleil) sur le ciel ». Ceci concerne le
monde visible, mais au-dessus de celui-ci il
est un monde supérieur, le Brahmana continue donc : « Quand aux mondes au-dessus

de ceux-ci, Brahman établit sur eux les divinités supérieures aux précédentes. Et de. même que ces mondes là et leurs divinités sont manifestes, ces mondes-ci et leur divinités qu'il y établit le sont également ». Cela nous donne deux mondes, mais Brahman lui-même les domine tous deux. Car le Brahmana continue : « Alors Brahman arriva à la moitié (qui n'était pas manifestée) située au-delà, et étant allé là il pensa : « Comment pourrais-je entrer dans ces mondes ? » Ceci montre que Brahman s'était élevé à une hauteur si transcendante qu'il ne pouvait plus communiquer avec le monde réel. Pourtant il fallait une communication et comment fut-elle obtenue ? L'on nous dit : « *Par les mots et les formes* », c'est-à-dire parce que les stoïciens auraient appelé les *logoi* ou le *logos*. Ainsi nous lisons : « Et Brahman pénétra dans les mondes par deux moyens, par les formes (roupa) et les mots (nâma). De toute chose qui a un nom l'on dit : elle se nomme ainsi ; quant aux choses qui n'ont pas de nom, on les connaît par la forme, en disant elle est telle ou telle (de telle forme). Car tout cet univers s'étend aussi loin que le nom et la forme s'étendent. Le nom et la forme sont les deux grands pouvoirs de Brahman et quiconque les connaît devient lui-même puissant. Ce sont les deux grandes révélations de Brahman et quiconque les connaît, devient lui-même une grande révélation. »

En lisant ces passages épars, il est difficile de résister à ce sentiment qu'ils récèlent plus de choses que les auteurs des Brahmanas eux-mêmes n'en ont comprises. Brahman est conçu comme sublimement transcendant, comme non-seulement placé au-dessus de la terre, de l'air, et du ciel, mais au-dessus d'un second monde situé au-delà de ce monde visible. Et à la question de savoir comment cette puissance trandescendante pouvait entrer en relation avec sa propre création, l'on répondrait : au moyen de ses deux grands pouvoirs et révélations, au moyen des mots et des formes, c'est-à-dire de ces formes ou εἴδη qui sont des mots, et de ces mots ou λόγοι qui sont des formes. Ce sont là de magnifiques intuitions de vérité, mais elles dépassent certainement la portée intellectuelle des auteurs des Brahmanas : ce sont comme des étoiles situées au-dessous de leur horizon, et dont les derniers penseurs ont saisi çà et là une faible lueur.

Il y a un autre passage, peut-être le plus décisif, qui n'a pas encore été considéré en ce qui concerne cette conception de la Parole et de la Raison comme pouvoirs créateurs, soutenant et pénétrant le monde. Il se trouve dans le *Maitrayana Oupanishad*, VI, 22, où nous lisons : « Deux Brahmans doivent être médités, le verbe et le non-verbe. Ce n'est que par le verbe que le non-verbe est révélé ». Ici nous avons de nouveau la contre-partie exacte du Logos de l'école d'Alexandrie. Suivant cette dernière, l'Essence divine est révélée par le Verbe et par le Verbe seul. En son état irrévélé, elle est inconnue, et quelques philosophes chrétiens l'appelaient le Père ; en son état révélé elle était le Logos divin ou le Fils.

De tout ce qui précède, il me semble que

nous sommes amenés à admettre que la
même suite d'idées qui, après une longue
préparation, trouva son expression définitive
dans Philou et plus tard dans Clément d'Alexandrie, fut élaborée dans l'Inde à une époque bien plus reculée, en partant de débuts
très semblables pour arriver à des résultats
presque identiques. Mais rien ne démontre
qu'il y ait eu emprunt d'un côté ou de l'autre.

### Les Dieux des autres religions

Quant les Védantistes ont à parler des
dieux des autres religions, il voient naturellement en eux non pas leur Brahman absolu,
mais leur Brahman qualifié et actif, Pragapati, le Seigneur ou Isvara de toutes les
créatures, leur propre Créateur, qui fait
durer et gouverne le monde. Leur langue
leur donne un grand avantage, car par un
simple changement d'accent, ils peuvent
changer le neutre Bráhman, avec l'accent
sur la première syllabe, en Brahmán masculin, avec l'accent sur la dernière syllabe.

C'est par ces artifices, insignifiants en apparence, que le langage, on peut le dire, aide
ou entrave la pensée. Si l'on considère que
par ce masculin Brăhman, ils entendaient la
divinité personnelle active, douée de toutes
les qualités divines, telles que l'omnipotence,
l'omniscience, la justice, la compassion et
tout le reste, il est facile de comprendre
que des Divinités comme Jéhovah, tel qu'il
est représenté dans l'ancien Testament, et
Jéhovah, ou Dieu le Père, tel qu'il est conçu
en maints passages du nouveau Testament,
de même que l'Allah du Koran, aient dû être
identifiés par eux avec le Brahmán masculin
et non avec le neutre. Mais ils n'assignaient
pas par cela une position inférieure à ces
divinités. Car leur propre dieu phénoménal,
leur Pragapati ou Brahmán masculin, quoique phénoménal, ou pour ainsi dire historique, était pour eux aussi réel que toute
chose peut l'être quand elle est connue de
tous. Néanmoins, derrière ce Dieu tel qu'il
est connu et nommé par les humains, ils
admettaient un Dieu inconnu, ou une divine

nature, dont Pragapati, Jéhovah, Allah, et Dieu le Père ne seraient que les *personae*. Ces aspects personnels de la nature divine étaient destinés à l'entendement et au culte des hommes; on peut les appeler historiques, si l'on se souvient que l'histoire de Dieu ne peut être que l'histoire de la conscience humaine de Dieu, ou des idées que l'homme, depuis le stage le plus bas du culte de la nature jusqu'au plus haut stage de la filiation divine consciente, s'est créées de cette Puissance transcendante qu'ils sont à la fois intérieure et extérieure. Vous verrez que cette conception d'une nature divine à laquelle participent les personnes divines était familière non seulement aux mystiques du moyen-âge, mais aussi à quelques théologiens des plus orthodoxes. En effet au moyen-âge ce qui était orthodoxe en un siècle devint souvent hétérodoxe au siècle suivant, un Concile condamna le précédent, un Pape en anathématisa un autre. Mais l'idée qu'il y avait une *Divina Essentia* qui se manifestait dans le Père, le Fils, et le Saint-Esprit, fut familière à maints théologiens chrétiens dans les temps anciens et modernes. De là vint le danger, d'une part de substituer une *Quaternité* à la Trinité, c'est-à-dire l'Essence divine et les trois substances, le Père, le Fils et le Saint-Esprit, et d'autre part de changer la Trinité en trois dieux, substantiellement distincts, ce qui aurait été condamné comme Trithéisme [1].

Donc, tandis que les divinités actives des autres religions furent naturellement reconnues par les adeptes modernes du Védanta, dans leur Brahman masculin la substance divine à laquelle ces dieux participaient, la divinité que les nominalistes chrétiens définissaient comme un nom commun aux trois

1. « Nos (Papa), sacro et universali concilio approbante, credimus et confitemur cum Petro (Lombardo) quod una quaedam summa res est, incomprehensibilis quidem et ineffabilis, quae veraciter est Pater et Filius et Spiritus, tres simul personae, ac singulatim quaelibet earumdem. Et ideo in Deo trinitas est solummodo, non quaternitas, quia quaelibet trium personarum est illa res, videlicet substantia, essentia, sive natura divina, quae sola est universorum principium, praeter quod aliud inveniri non potest. » Voir Harnach, *Histoire des dogmes*, IV, p. 447, note ; Hagenbach, § 170.

personnes, leur parut correspondre parfaitement au Bráhman neutre, le Dieu inconnu, inconcevable et ineffable.

## Nama-roupe, produit d'Avidya

A côté de toutes ces ressemblances entre les philosophies indienne et européenne, il y a, et il y aura toujours, une grande différence.

Tout d'abord ces *nama-roupe*, ces logoi ou le Logos, qui pourraient être représentés comme incorporés dans la Sagesse divine en Occident, demeurèrent, selon les philosophes, le résultat de la Nescience, Avidya. Ils étaient les pensées de Bráhman, non de Brahmăn ; ils appartenaient au Brahman actif et créateur : l'Isvara, le Seigneur. De telles spéculations sont capables de nous donner le vertige, mais, quoique nous en puissions penser, elles nous montrent, du moins, à quelle hauteur la philosophie indienne s'est élevée dans sa patiente ascension de sommet en sommet, et combien ses poumons ont dû être forts pour pouvoir respirer en une telle atmosphère.

En second lieu, il faut nous rappeler que ce que nous appelons la création du monde, comme un acte accompli une fois à une époque déterminée, n'existe pas pour les védantistes. Ils parlent d'une manifestation répétée ou expansion de Brahman, qui n'a pas eu de commencement et qui n'aura pas de fin. A l'accomplissement de grandes périodes, l'univers rentre en Brahman, puis en ressort. Mais il n'y eut jamais de commencement et il n'y aura jamais de fin. Il y a une continuité ininterrompue entre les grandes périodes ou Kalpas, l'œuvre accomplie dans l'une continue à opérer dans la suivante, et cette continuité réside en Brahman, considéré comme le Seigneur actif et personnel *(Isvara)*. Il voit que le monde suivant sera ce qu'il doit être et que rien ne se perd. En quelques endroits, certains pouvoirs latents ou saktis sont attribués à ce Brahman pour rendre compte de la variété des choses créées dans chaque période, de

ce que nous appellerions les différents logoi
ou espèces. Mais cette doctrine est fortement
combattue par Sankara, qui tient que l'univers, bien qu'il ait toute réalité dans et par
Brahman, ne doit pas être considéré comme
une modification ou, comme nous dirions
aujourd'hui, une évolution (parinâma). Car
Brahman, étant parfait, ne peut jamais subir
de changement ou de modification, et ce que
l'on appelle le monde créé, avec toute sa
variété, est et demeure, selon le védantiste,
le résultat d'une déviation ou perversion
(vivarta) primitive et universelle causée par
Avidya. Il suit de là que le Créateur, aussi
bien que la création, ne possède comme tel
qu'une réalité relative, ou, comme nous
disions, tous deux ne sont que phénoménaux,
de même que chaque âme individuelle ;
comme tel il ne peut prétendre à une réalité
absolue, mais demeure phénoménal pour
lui-même jusqu'à ce qu'il ait découvert sa
réalité dans Brahman, qui est caché dans
chaque âme. Bien plus, comme l'âme individuelle a été rendue telle par les Oupadhis,

les obstructions, c'est-à-dire le corps, les sens
et l'esprit, le Créateur aussi est ce qu'il est
par l'effet des Oupadhis, mais d'Oupadhis
d'un caractère plus pur *(visouddha)*. Ce
Créateur ou Dieu personnel, ne l'oublions
pas, est aussi réel que notre moi personnel,
et que peut-il y avoir de plus réel dans le
langage ordinaire du monde? Ce qui paraît
déraisonnable c'est que ceux qui parlent au
nom de ce qu'ils appellent le sens commun
commencent par nier qu'il puisse y avoir
une réalité au delà de ce que nous voyons et
touchons, et protestent, ensuite, si cette
réalité plus haute, à laquelle ils ne croient
pas eux-mêmes, est déniée aux objets de
leurs sens et à toute la connaissance qui en
dérive.

### Le Védanta dans la vie pratique

Pour tous les buts pratiques, le védantiste
considère que le monde phénoménal en son
entier, tant sous son caractère objectif que
sous le subjectif, doit être accepté comme

réel. Il est aussi réel que toute chose peut l'être pour l'esprit ordinaire. Il n'est pas un pur néant comme le soutiennent les boudhistes. Et, ainsi, la philosophie védanta laisse à chaque homme une large sphère de réelle utilité et le place sous une loi aussi stricte et obligatoire qu'il est possible dans cette vie transitoire. Elle lui laisse une divinité à adorer, aussi omnipotente et majestueuse que les divinités de toutes les autres religions. Elle accorde une place à presque toutes les religions, bien plus, elle les embrasse toutes. Même quand la lumière plus haute apparaît, elle ne détruit pas la réalité du monde précédent, mais lui confère, même dans un caractère transitoire et fugace, une réalité plus complète et une signification plus profonde. Kant, aussi, savait que notre monde est et ne peut être que phénoménal et que la *Chose en soi,* en un sens le Brahman, est placée au-delà de notre connaissance, c'est-à-dire est séparée de nous par la Nescience, et il établit sa philosophie pratique et morale pour le monde phénoménal comme s'il n'existait pas de monde nomménal. Cependant, il conserve l'idée d'une loi morale pour le monde phénoménal où nous vivons, bien plus, il utilise l'idée de loi morale comme l'unique preuve certaine de l'existence de Dieu. Le védantiste a un avantage dont il ne manque pas de se servir. Comme la loi morale est basée sur le Véda *(Karma-kanda)*, il la présente comme vérité révélée à ceux qui sont encore soumis à la loi, et il n'accorde la liberté qu'à ceux qui ne sont plus de ce monde.

### L'éthique du Védanta

L'on a souvent dit qu'une religion philosophique, comme le Védanta, est défectueuse, parce qu'elle ne peut donner une base solide à la moralité. Il est très vrai que quelques philosophes soutiennent que l'éthique n'a rien à faire avec la religion, et doit avoir sa propre base indépendante de toute religion, quoique obligatoire pour tout être humain quelle que puisse être sa religion.

Mais cette question, qui est à présent agitée dans les principales revues philosophiques d'Allemagne, de France et d'Amérique, ne doit pas nous arrêter, car j'espère être en mesure de vous montrer que la philosophie védanta, loin de fournir seulement une explication métaphysique du monde, s'efforce d'établir sa morale sur les plus solides fondements philosophiques et religieux.

J'ai déjà fait remarquer qu'une discipline morale très stricte était imposée à toute personne avant d'être autorisée à entreprendre l'étude du Védanta, et que toutes les autorités enseignent qu'aucune personne ne peut pénétrer l'esprit de cette doctrine, qui n'a pas au préalable dompté les passions et les ambitions du cœur humain. Mais il reste bien d'autres choses à apprendre pour conférer à cette vie passagère un but moral permanent. Rappelez-vous que les Védantistes ne croient pas que le monde a été créé à un moment déterminé et une fois pour toutes, mais considèrent le monde comme éternel, mais seulement réintégré de temps

à autre en Brahman et ensuite émis de
nouveau hors de lui. Ce que nous appellerions la puissance active dans ce processus
est le Brahman qualifié, le Seigneur (*Isvara*)
ou, comme nous dirions, le Créateur du
monde tel qu'il existe pour nous. Mais s'il
en est ainsi, et si ce Créateur doit être
reconnu comme parfait, comme juste et
équitable, comment, demanderons-nous
avec le Védantiste, pouvons-nous lui attri-
buer les maux dont le monde est plein, et
les souffrances en apparence imméritées de
ses habitants? Pourquoi un enfant est-il né
aveugle ou placé dans une société où sa
nature morale doit sombrer? Pourquoi les
méchants sont-ils si souvent triomphants
et les bons foulés aux pieds? Pourquoi y
a-t-il tant de souffrances à la naissance et à
l'approche de la mort? Pourquoi les inno-
cents sont-ils punis, tandis que les pervers
échappent au châtiment? Diverses réponses
ont été faites à ces questions par différents
philosophes et fondateurs de religions.
Nous pouvons les accepter si nous possédons

certaines croyances religieuses, mais aucun
système de pure éthique n'a été capable de
satisfaire ceux qui posent ces questions
dans l'agonie de leurs afflictions imméritées.
La réponse de la philosophie védanta est
bien connue et est devenue la clef de voûte
non seulement de la morale brahmanique
mais aussi de la morale bouddhiste, qui
règne sur la plus grande partie du monde.
Il doit y avoir une cause, disent-ils, pour
rendre compte de l'effet que nous ne voyons
que trop clairement, et cette cause ne peut
être trouvée dans le pur caprice ou l'injustice
du Créateur.

### La doctrine du Karma

Donc si cela est pour nous un résultat ce
ne peut être que le résultat d'actes accomplis
dans une existence antérieure. Vous voyez
que l'existence précédente, que dis-je,
éternelle, des âmes individuelles, est considérée comme un point indéniable, ainsi que
cela semble être également dans certains

passages du Nouveau Testament (*Saint Jean,*
IX). Mais quoique nous puissions penser
des prémisses sur lesquelles se base cette
théorie, son influence sur le caractère
humain a été merveilleuse. Si un homme
sent que ce qu'il souffre dans cette vie, sans
aucune faute de sa part, ne peut être que le
résultat de ses propres actes antérieurs, il
supportera ses souffrances avec plus de
résignation, comme un débiteur qui acquitte
une vieille dette. Et s'il sait en outre que
dans cette vie il peut par ses souffrances
non seulement acquitter ses vieilles dettes,
mais encore mettre de côté un capital moral
pour l'avenir, il a un motif d'être bon qui
n'est pas plus égoïste qu'il ne faut. La
croyance qu'aucun acte, bon ou mauvais, ne
peut être perdu, n'est que l'équivalent, dans
le monde moral, de notre croyance en la
conservation de la force dans le monde
physique. Rien ne se perd. Mais tandis que
les bouddhistes ont admis cette doctrine
morale et métaphysique dans son sens
purement mécanique, comme une croyance

en une puissance qui agit sans aucune sur-
veillance divine, les védantistes, qui tiennent
que les semences du monde dorment en
Brahman pendant l'intervalle d'un âge
(*Kalpa*) à un autre, entre une création et la
suivante, enseignent que les effets que nos
œuvres passées produiront, dépendent après
tout du créateur et directeur du monde, le
plus ou moins personnel Isvara ou Seigneur.
Parlant, comme ils font toujours, par
métaphores, ils disent que, bien que
les semences des bonnes et mauvaises
actions soient semées par nous-mêmes, leur
croissance dans le monde suivant dépend
du Seigneur, de même que la croissance des
semences naturelles dépend de la pluie et
du soleil du ciel. Si sceptiques que nous
puissions être sur le pouvoir d'un enseignement éthique et son influence sur la conduite
pratique des hommes, il est indéniable que
cette doctrine du *Karma* (*Karma* signifie
simplement acte ou fait) a eu un succès
considérable et a contribué à adoucir les
souffrances de millions d'hommes et à les

encourager non seulement à endurer les maux présents, mais aussi à s'efforcer d'améliorer leur condition future.

### Préexistence de l'âme

Un point est parfois laissé dans l'ombre, à savoir : comment se fait-il que nous qui n'avons aucun souvenir de ce que nous avons fait dans une vie antérieure, bien plus, qui ne savons rien de cette vie antérieure si ce n'est son existence, nous soyons cependant condamnés à souffrir pour nos actes et nos méfaits passés. Mais pourquoi nous rappellerions-nous notre vie antérieure, puisque nous ne nous souvenons même pas des deux, trois ou quatre premières années de notre vie présente. La croyance exprimée par Wordsworth, que « l'âme qui se lève avec nous, l'âme de notre vie, a eu ailleurs son séjour, et vient de loin », est peut-être en ce temps une croyance générale ; mais la croyance basée sur celle-ci, que notre étoile en cette vie est ce que nous l'avons faite dans

une vie antérieure, paraîtrait sans doute
étrange, aujourd'hui, à beaucoup de personnes. Or il semble que quelques-uns des
maîtres du Védanta aient senti que le Karma,
ou les actes pour lesquels nous souffrons en
cette vie ou pour lesquels nous sommes
récompensés, ne sont pas exclusivement
ceux accomplis par nous-mêmes, mais que
le Karma peut être d'un caractère plus col-
lectif, et que de même que nous jouissons de
tant de récompenses des bonnes œuvres
accomplies par d'autres, nous avons aussi à
supporter les conséquences des mauvaises
actions commises par eux. Cela conduirait à
la conception de la race humaine comme un
corps ou une famille ou l'ensemble souffre
quand un des membres souffre, car nous
sommes des membres l'un par rapport à
l'autre ; cela expliquerait les effets de l'héré-
dité ou la perpétuation des habitudes acquises, bien plus, cela nous ferait comprendre
le sens de l'iniquité des pères se reportant
sur les enfants à la troisième et à la quatrième
génération.

Chez les védantistes, ce sentiment d'un intérêt commun, bien plus, de l'unité ou de la solidarité de la race humaine, était très naturel. Toute leur philosophie était édifiée sur la conviction que chaque homme a son véritable être en Brahman, et ce sentiment, bien qu'il soit surtout métaphysique, se produit aussi parfois sous la forme d'une puissance morale. Nous disons, il faut aimer notre prochain comme nous-mêmes, le védantiste dit : il faut aimer nos semblables comme notre Soi, c'est-à-dire, il ne faut pas les aimer seulement pour ce qui est purement phénoménal en eux, pour leur beauté, leur force, leur amabilité, mais pour leur âme, pour le Soi-divin qui est en chacun d'eux. Ainsi, dans les Oupanishads, un vieux sage qui prend congé de ses deux femmes avant de se retirer dans la forêt, dit à sa chère Maitreyi (*Brih. Ar.* II, 4) : « Toi qui m'es vraiment chère, tu me dis de chères paroles. Viens t'asseoir, je vais t'expliquer la vérité, écoute bien ce que je dis. Et il dit : En vérité, un mari n'est pas cher par lui-même, mais par le Soi, que vous aimez en lui. En vérité une épouse n'est pas chère, mais le Soi que vous aimez en elle ».

Ce principe est étendu aux fils, aux amis, aux dieux et à toutes les créatures ; tous doivent être aimés, non pour eux-mêmes tels qu'ils apparaissent, mais pour le Soi qui est en eux, pour leur Soi-éternel, pour ce Soi-universel auquel nous participons tous, en qui nous vivons, nous nous mouvons et avons notre être. Comme plus d'une vérité de la religion orientale, cette vérité aussi qu'en aimant notre prochain nous aimons Dieu en réalité, et qu'en aimant notre prochain nous nous aimons nous-mêmes, a été parfois poussée à l'extrême, jusqu'à devenir une caricature. Mais néanmoins, cela prouve une somme considérable de travail intellectuel que d'avoir pensé que nous devons aimer notre prochain parce qu'en l'aimant nous aimons Dieu, et qu'en aimant Dieu nous nous aimons nous-mêmes. La profonde vérité que recèle cette doctrine n'a jamais été, que je sache, élaborée par aucune autre nation.

En voilà assez pour montrer que la philo-
sohie védanta, si obstruse que soit sa métaphysique, n'a pas négligé l'importante
sphère de l'éthique, mais qu'au contraire
nous y trouvons la morale au commencement, au milieu, à la fin, sans compter que
des esprits aussi pleins de choses divines
que les philosophes védanta ne sont pas
enclins à succomber aux tentations ordinaires
du monde, la chair et les autres attractions.

# RÉCAPITULATION

Je désire que vous emportiez une idée
claire de la philosophie védanta, sinon dans
tous ses détails, ce qui est impossible, du
moins de son sens général. C'est une très
mauvaise habitude que de dire : « Oh, la
philosophie est trop profonde pour moi, »
ou d'écarter la philosophie orientale en
disant qu'elle est ésotérique ou mystique.
Souvenez-vous que toute cette philosophie
védanta n'a jamais été ésotérique, mais
qu'elle était ouverte à tous, et fut élaborée
par des hommes qui, par leur culture et leurs
connaissances générales, étaient bien infé-
rieurs à chacun de nous. Ne serions-nous
pas capables de suivre leurs traces ? La
sagesse atteinte il y a deux ou trois mille
ans par les habitants de l'Inde à la peau
brune serait-elle trop haute ou trop profonde

pour nous? Et quant à ce qui est d'appeler
leur philosophie mystique, il me semble
vraiment que ceux qui aiment tant à em-
ployer ce mot, l'écrivent peut-être avec un
*i* au lieu d'un *y*. Ils me semblent s'imaginer
que la philosophie mystique doit être pleine
de brouillard (*mist*), de nuages et de vapeur.
Cependant la vraie philosophie mystique est
aussi claire qu'un ciel d'été, pleine de lumière et de chaleur. Mystique signifiait
simplement à l'origine ce qui nécessitait une
préparation, une initiation, et les mystères
n'étaient pas des choses obscures laissées
telles, mais des choses obscures rendues
brillantes, claires et intelligibles.

Quand un système de philosophie est
consistant, et, en quelque sorte, un tout
organique, sorti d'une petite semence, il doit
toujours être possible de fixer sa vérité fondamentale dont procèdent tous ses dogmes,
et, en laissant de côté tous les hors-d'œuvres
et les ornementations, de tracer la direction
vers laquelle tendent ses arguments, et de
découvrir le but qu'ils doivent atteindre.

Or, la quintessence de la philosophie védanta a été bien formulée par un philosophe
indigène en quelques lignes, et il serait bon
que l'on put faire de même pour tous les
autres systèmes de philosophie. Notre védantiste dit : « En un demi-vers je vais vous
dire ce qui a été dit en un millier de volumes :
Brahman est vrai, le monde est faux, l'âme
de l'homme est brahman et rien d'autre » —,
ou, comme nous dirions : Dieu est vrai, le
monde est passager, l'âme de l'homme est
Dieu et rien d'autre. — Puis il ajoute :
« Il n'y a rien qui vaille la peine d'être acquis, rien qui vaille qu'on en jouisse, rien
qui vaille d'être connu, si ce n'est Brahman ;
car celui qui *connaît* Brahman *est* Brahman ».
Et cela également nous pourrions peut-être
le traduire en ces termes familiers : « A quoi
servira-t-il à l'homme de gagner le monde
entier, s'il perd son âme ? ».

# TABLE DES MATIÈRES

## TROISIÈME CONFÉRENCE

### Ressemblances et différences entre les philosophies indienne et européenne

# ERNEST LEROUX, ÉDITEUR

## 28, RUE BONAPARTE, 28

# ANNALES DU MUSÉE GUIMET

## TOME I

**Mélanges.** — In-4, 8 planches hors texte..... 15 fr.

E. GUIMET. Rapport au Ministre de l'Instruction publique sur sa mission scientifique en Extrême-Orient. — Le Mandara de Koô-boô-Daï-shi dans le temple de To-ô-dji à Kioto (Japon). — H. HIGNARD. Le Mythe de Vénus. — F. CHARAS. De l'usage des bâtons de main chez les anciens Egyptiens et chez les Hébreux. — ED. NAVILLE. Ostracon égyptien du Musée Guimet. — E. LEFÉBURE. Les races connues des Egyptiens. — GARCIN DE TASSY. Tableau de Kâli-Youg ou Age de Fer. — P. REGNAUD. La Métrique de Bhârata. — P. REGNAUD. Le Pessimisme brâhmanique. — C. ALWYSS. Visites des Bouddhas dans l'île de Lanka (Ceylan). — J. DUPUIS. Voyage au Yun-nan et ouverture du fleuve Rouge au commerce. — E. J. EITEL. Le Feng-shoui, ou Principes de science naturelle en Chine. — P.-L.-F. PHILASTRE. Exégèse chinoise. — SHIDDA. Explication des anciens caractères sanscrits. Traduit du Japonais. — Conférence entre la secte Sin-Siou et la mission scientifique française.

## 2 ERNEST LEROUX, ÉDITEUR

## TOME II

**Mélanges.** — In-4......................... 15 fr.

F. Max Müller. Anciens textes sanscrits découverts au Japon. — Ymaïzoumi. O-mito King, ou Soukhavâti vyûha-Soûtra, texte vieux-sanscrit traduit d'après la version chinoise de Koumârajiva. — P. Regnaud. La Métrique de Bhârata, texte sanscrit de deux chapitres du Nâtya Çastra, suivi d'une interprétation française. — Léon Feer. Analyse du Kandjour et du Tandjour, recueils des livres sacrés du Tibet, par Csoma de Kôrös.

## TOME III

**Le Bouddhisme au Tibet,** par Em. de Schlagintweit, traduit de l'anglais par L. de Milloué. In-4, 40 planches hors texte......................... 20 fr.

## TOME IV

**Mélanges.** — In-4, 11 planches hors texte.... 15 fr.

E. Lefébure. Le puits de Deïr-el-Bahari, notice sur les dernières découvertes faites en Egypte. — F. Charas. Table à libations du Musée Guimet. — Dr Al. Colson. Notice sur un Hercule phallophore, dieu de la génération. — P. Regnaud. Le Pancha-Tantra, son origine, sa rédaction, son expansion. — Rev. J. Edkins. La religion en Chine. Exposé des trois religions des Chinois, suivi d'observations sur l'état actuel et l'avenir de la propagande chrétienne parmi ce peuple.

## TOME V

**Fragments extraits du Kandjour,** traduits du tibétain, Par Léon Feer. In-4.................... 20 fr.

## TOME VI

**Le Lalita-Vistara,** ou Développement des jeux, contenant l'histoire du Bouddha Çâkya-Mouni depuis sa naissance jusqu'à sa prédication. Première partie.

1 92

Traduction française par Ph.-Ed. Foucaux, professeur
au Collège de France. In-4 avec planches..... 15 fr.

## TOME VII

Mélanges. — In-4, 6 planches hors texte..... 20 fr.
A. Bourquin. Bràhmakarma ou Rites sacrés des Bràhma-
nes, traduit du sanscrit. — Dharmasindhu, ou Océan
des rites religieux, par le prêtre Kàshinàtha, traduit du
sanscrit et commenté.—E.S. W.Sénathi Raja.Remarques
sur la secte çivaïte chez les Indous de l'Inde méridio-
nale.—Arnould Locard. Les coquilles sacrées dans les
religions indoues. — Coomara-Swamy. Dàthàvança ou
histoire de la Dent-Relique du Buddha Gautama, poè-
me épique de Dhamma-Kitti. — J. Gerson da Cunha.
Mémoire sur l'histoire de la Dent-Relique de Ceylan,
précédé d'un essai sur la vie et la religion de Gautama Buddha. — P. Regnaud. Etudes phonétiques et
morphologiques dans le domaine des langues indo-eu-
ropéennes et particulièrement en ce qui regarde le
sanscrit.

## TOME VIII

Le Yi-King ou Livre des Changements de la dynastie
des Tscheou, traduit pour la première fois du chinois,
en français, avec les commentaires traditionnels com
plets de Tsheng-Tsé et de Tshou-hi et des extraits
des principaux commentateurs, par P.-L.-F. Philastre. Première partie. In-4.................... 17 fr.

## TOME IX

Les hypogées royaux de Thèbes, par E. Lefébure.
— Première division : Le tombeau de Séti Ier publié
in-extenso avec la collaboration de MM. U. Bouriant
et V. Loret et avec le concours de M. Ed. Naville.
In-4, 130 planches hors texte................ 75 fr.

## TOME X

Mélanges. — In-4, illustré de dessins et de 24 planches........................................ 30 fr.

*Mémoires relatifs aux religions et aux monuments an-
ciens de l'Amérique.* La stèle de Palenqué, par Ch.
Rau. — Idole de l'Amazone, par J. Verissimo. — Sculp-
tures de Santa-Lucia Cosumalwhuapa (Guatémala),
par S. Harel. — Notice sur les pierres sculptées du
Guatemala, acquises par le Musée de Berlin, par A.
Bastian.
*Mémoires divers.* — Le Shintoïsme, sa mythologie, sa
morale, par M. A. Tomii. — Les idées philosophiques
et religieuses des Jainas, par S. J. Warren. — Etude
sur le Mythe de Vrishabba, par L. de Milloué. — Le
Dialogue de Çuka et de Rhamba, par J. Grandjean.
— La Question des aspirées en sanscrit et en grec,
par P. Regnaud. — Deux inscriptions phéniciennes
inédites, par C. Clermont-Ganneau. — Le Galet d'An-
tibes, offrande phallique à Aphrodite, par H. Bazin.
*Mémoires d'égyptologie.* — La Tombe d'un ancien Egyp-
tien, par V. Loret. — Les quatre races dans le ciel
inférieur des Egyptiens, par J. Lieblein. — Un des
procédés du démiurge égyptien, par E. Lefébure. —
Maa, déesse de la vérité, son rôle dans le panthéon
égyptien, par A. Wiedemann.

## TOMES XI ET XII

**La religion populaire des chinois**, par J.-J.-M. de
Groot. — Les fêtes annuellement célébrées à Emoui
(Amoy). Traduit du hollandais avec le concours de
l'auteur par C. G. Chavannes. Illustrations par Félix
Régamey et héliogravures. 2 volumes in-4, 38 plan-
ches hors texte...................... 40 fr.

## TOME XIII

**Le Ramayana,** au point de vue religieux, philosophique et moral, par Ch. Schoebel. Un volume
in-4................................... 12 fr.
Couronné par l'Institut.

## TOME XIV

**Essai sur le gnoticisme égyptien**, ses développe-

ments, son origine égyptienne, par E. Amélineau.
In-4, planche............................. 15 fr.

## TOME XV

Siao-Hio. La petite étude ou morale de la jeunesse. avec le Commentaire de Tche-Siuen, traduit
pour la première fois du chinois en français, par C.
DE HARLEZ. In-4, carte..................... 15 fr.

## TOME XVI.

Les hypogées royaux de Thèbes, par E. LEFÉBURE.
In 4 en 2 fascicules avec planches........... 60 fr.
Fascicule 1. — Seconde division des Hypogées. Notices
des Hypogées, publiées avec le concours de MM. ED.
NAVILLE et ERN. SCHIAPARELLI. Fascicule II. — Troi-
sième division. Tombeau de Ramsès IV.

## TOME XVII

Monuments pour servir à l'histoire de l'Egypte
chrétienne au IVe siècle. Histoire de saint Pakhôme
et de ses communautés. Documents coptes et arabes
inédits, publiés et traduits par E. AMÉLINEAU.
Un fort volume in-4..................... 60 fr.

## TOME XVIII

Avadana Çataka. Cent légendes bouddhiques, traduites du sanscrit par LÉON FEER. Un volume in-4. 20 fr.

## TOME XIX

Le Lalita-Vistara, ou Développement des jeux, contenant l'histoire du Bouddha Çakya-Mouni depuis sa
naissance jusqu'à sa prédication, par PH.-ED. FOUCAUX,
professeur au Collège de France. Deuxième partie :
Notes, Variantes et Index. Un volume in-4.... 15 fr.

## TOME XX

Textes Taoistes, traduits des originaux chinois et
commentés par C. DE HARLEZ. Un volume in-4. 20 fr.

## TOMES XXI, XXII ET XXIV

**Le Zend-Avesta.** Traduction nouvelle, avec commentaire historique et philologique, par JAMES DARMESTETER, professeur au Collège de France. 3 vol. in-4.     75 fr.
Tome I. La Liturgie (Yasna et Vispéred).
Tome II. La Loi (Vendidad). — L'Épopée (Yashts). — Le Livre de prière (Khorda-Avesta).
Tome III. Origines de la littérature et de la religion zoroastriennes. Appendice à la traduction de l'Avesta (Fragments des Nasks perdus, index).

> L'Institut a décerné en 1893 le prix biennal de 20 000 francs à cet ouvrage.

## TOME XXIII

**Le Yi-King,** ou Livre des changements de la dynastie des Tscheou, traduit pour la première fois du chinois en français, avec les commentaires traditionnels complets de Tsheng-Tsé et Tshou-hi et des extraits des principaux commentateurs, par P.-L.-F. PHILASTRE. Seconde partie. In-4......................... 15 fr.

## TOME XXV

**Monuments pour servir à l'histoire de l'Egypte chrétienne.** Histoire des monastères de la Basse-Egypte. Vies de saint Paul, saint Antoine, saint Macaire. Vies des saints Maxime et Domèce, de Jean le Nain, etc. Texte et traduction française, par E. AMÉLINEAU. In-4...................... 40 fr.

## TOME XXVI

I. — **La Corée,** ou Tchôsen (la Terre du Calm matinal), par M. le colonel CHAILLÉ LONG-BEY. Iu-4, figures et planches ....................·............... 3 fr. 50
II. — **Guide** pour rendre propice l'Etoile qui garde chaque homme et pour connaître les destinées de l'année, traduit du coréen par HONG-TJYONG-OU et HENRI CHEVALIER. In-4...................... 5 fr.

III. — **L'exploration des ruines d'Antinoé** et la découverte d'un temple de Ramsès II, enclos dans l'enceinte de la ville d'Hadrien. Par AL. GAYET. In-4, 25 planches...................................... 15 fr.

IV. — **Talismans laotiens.** Par LEFÈVRE-PONTALIS. In-4, fig. et planches. (*Sous presse.*)

## TOME XXVII

**Le Siam Ancien.** Archéologie, Epigraphie, Géographie, par L. FOURNEREAU. Première partie. Un volume richement illustré et accompagné de 84 pl.... 50 fr. — Deuxième partie. (*En préparation*).

Couronné par l'Académie des Inscriptions et Belles-Lettres et par la Société de Géographie.

## TOMES XXVIII ET XXIX

**Histoire de la sépulture et des funérailles dans l'ancienne Egypte,** par E. AMÉLINEAU. I et II, 2 tomes in-4, illustrés et accompagnés de 112 planches...................................... 60 fr.

# ANNALES DU MUSÉE GUIMET

## BIBLIOTHÈQUE D'ÉTUDES

*Série in-8°*

# BIBLIOTHÈQUE DE VULGARISATION

*Série de volumes in-18 illustrés*

à 3 fr. 50

I. — **Les moines égyptiens** par E. AMÉLINEAU. In-18, illustré

II. — **Précis de l'histoire des religions.** — Première partie : Religions de l'Inde, par L. DE MILLOUÉ. In-18, illustré de 21 planches.

III. — **Les Hétéens** — Histoire d'un Empire oublié, par H. SAYCE ; traduit de l'anglais, avec préface et appendices, par J. MENANT, de l'Institut. In-18 illustré de 4 planches et de 15 dessins dans le texte.

IV. — **Les symboles, les emblèmes et les accessoirs du culte chez les Annamites,** par G. DUMOUTIER. In-18 illustré de 35 dessins annamites.

V. — **Les Yézidis.** — Les adorateurs du diable, par J. MENANT, membre de l'Institut. In-18, illustré.

VI. — **Le culte des morts** dans l'Annam et dans l'Extrême-Orient, par le lieutenant-colonel BOUINAIS et PAULUS. In-18.

VII. — **Résumé de l'histoire de l'Egypte,** par E. AMÉLINEAU. In-18.

VIII. — **Le bois sec refleuri,** roman coréen, traduit en français par HONG TJYONG-OU. In-18.

IX. — **La Saga de Nial,** traduite en français pour la première fois par R. DARESTE, de l'Institut, conseiller à la Cour de Cassation. In-18.

X. — **Les castes dans l'Inde.** Les faits et le système, par Em. SENART, de l'Institut, In-18.

XI. — **Introduction à la philosophie Védanta.** Trois conférences faites à l'Institut Royal en mars 1894, par F. MAX MÜLLER, membre de l'Institut. Traduit de l'anglais, avec autorisation de l'auteur, par LÉON SORG. In-18.

Guide illustré au **Musée Guimet**, par L. DE MILLOUÉ.
3ᵉ recension. In-18......................... 1 fr.

Introduction au catalogue du **Musée Guimet**. Aperçu sommaire des Religions des anciens peuples civilisés, par L. DE MILLOUÉ. In-18.............. 1 fr. 50

Catalogue des objets recueillis à Antinoé pendant les fouilles de 1898 et exposés au musée Guimet. In-18 ........................................ 0 fr. 50

# REVUE DE L'HISTOIRE DES RELIGIONS

PUBLIÉE SOUS LA DIRECTION DE

## JEAN RÉVILLE & LÉON MARILLIER

. 40 volumes in-8....................... **400 fr.**

VIENT DE PARAITRE

# L'ASTROLOGIE GRECQUE

Par **A. BOUCHÉ-LECLERCQ**

*Membre de l'Institut.*

Un fort volume in-8 de 680 pages, avec 47 fig.. **20 fr.**

# COLLECTION

## DE CONTES ET DE CHANSONS POPULAIRES

I. — **Contes populaires grecs**, recueillis et traduits par Emile Legrand. In-18.................... 5 fr.

II. — **Romanceiro portugais.** Chants populaires du Portugal, traduits et annotés par le comte de Puymaigre. In-18............................ 5 fr.

III. — **Contes populaires albanais**, recueillis et traduits par Aug. Dozon. In-18.................. 5 fr.

IV. — **Contes populaires de la Kabylie du Djurdjura**, recueillis et traduits par J. Rivière. In-18. 5 fr.

V. — **Contes populaires slaves**, recueillis et traduits par L. Léger. In-18....·.................... 5 fr.

VI. — **Contes indiens.** Les trente-deux récits du trônes, traduits du bengali par L. Feer. In-18.. 5 fr.

VII. — **Contes arabes.** Histoire des dix vizirs (*Bakhtiar Nameh*), traduite par René Basset. In-18....... 5 fr.

VIII. — **Contes populaires français**, recueillis par E.-Henri Carnoy. In-13..................... 5 fr.

IX. — **Contes de la Sénégambie**, recueillis par le Dr Bérenger-Féraud. In-18.................... 5 fr.

X. — **Les Voceri de l'île de Corse**, recueillis et traduits par Frédéric Ortoli. In-18, avec musique. 5 fr.

XI. — **Contes des Provençaux de l'antiquité et du moyen âge**, recueillis par Bérenger-Féraud. In-18.................... ............... 5 fr.

XII. — **Contes populaires berbères**, recueillis, traduits et annotés par René Basset. In-18........ 5 fr.

XIII-XIV. — **Contes de l'Egypte chrétienne**, traduits par E. Amélineau. 2 vol. in-18........ 10 fr.

XV. — **Les chants et les traditions populaires des Annamites**, recueillis et traduits par G. Dumoutier. In-18............................. ............ 5 fr.

XVI. — **Les Contes populaires du Poitou**, par Léon Pineau. In-18............................. 5 fr.

XVII. — **Contes ligures.** Traditions de la Rivière, recueillis par J.-B Andrews. In-18............ 5 fr.

XIX. — **Contes populaires malgaches,** recueillis, traduits et annotés par G. Ferrand, résident de France à Madagascar. Introduction par M. René Basset. In-18.................................... 5 fr.

XX. — **Contes populaires des Ba-Souto** (Afrique du Sud), recueillis et traduits par E. Jacottet, de la Société des Missions évangéliques de Paris. In-18. 5 fr.

XXI. — **Légendes religieuses bulgares,** traduites par Lydia Schischmanov. In-18............... 5 fr.

XXII. — **Chansons et fêtes du Laos,** par Pierre-Lefèvre-Pontalis. In-18, illustré............ 2 fr. 50

XXIII. — **Nouveaux Contes berbères,** recueillis, traduits et annotés par René Basset. In-18........ 5 fr.

---

**Carmen Sylva** (S. M. la Reine de Roumanie). Contes du Pelech, traduction de Salles. In-18 de luxe.. 5 fr.

**Légende de Montfort la Cane.** Texte par le baron Ludovic de Vaux. Illustrations en couleur par Paul Chardin. In-4 de luxe, illustré en chromotypographie, camaïeux, vignettes à huit teintes............ 15 fr.

**Sichler** (Léon). Contes russes. Texte et illustrations. Un beau volume in-4, avec plus de 200 dessins originaux et couverture en chromotypographie.... 15 fr.

**Chansonnier français** (Le), à l'usage de la jeunesse, In-18, illustré................................ 2 fr.

**Mourant Bvock.** La Croix païenne et chrétienne. Notice sur son existence primitive chez les païens et son adoption postérieure par les chrétiens. In-18, illustré.
2 fr.

**Dumontier** (G.). Le Swastika et la roue solaire dans les symboles et les caractères chinois. In-8. 1 fr. 50

---

BAUGÉ (Maine-et-Loire. — Imprimerie DALOUX.

# ERNEST LEROUX, ÉDITEUR

## RUE BONAPARTE, 28

## OUVRAGES
# SUR LE BOUDDHISME

Baugé (Maine-et-Loire), — Imprimerie DALOUX.